板情報とチャートでデイトレに勝つっ！

変動を着実にチャンスに変えて
利益を積み重ねる

デイトレのリアル！
デイトレの実況中継！

東田 一 著
hajime higashida

ビジネス教育出版社

はじめに
――機敏なトレードの技術を身につけておこう

今、株式市場を取り巻く環境には極めて変動の激しい要素があり、機敏な対応が求められている。コロナ後の対応により世界経済、日本経済は、大きく影響を受ける可能性がある。世界一の経済大国であるアメリカでは、バイデン大統領の政権下で、世界中の経済や地政学的なリスクが読みにくくなっている。そういう中でも、ダウ平均株価は3万5000ドルをつけた。これはバイデン大統領の環境政策や景気対策としての積極的なインフラ整備の政策が背景にある。ただ一方で、中国との貿易摩擦は危機的な状況にあり、為替相場も変動率が高くなっている。ヨーロッパの政治経済も先を見通せない。

さらに、環境問題の地球的な課題も急務である。

しかし、これらの多少の波乱があっても、日経平均株価27000円前後の動きである。すなわち、これからの株式相場は、上げも下げも振り幅が大きくなっていくことが考えられる。投資でチャンスをつかむためには、この変動を素早く察知して、誤まりなくトレードを行うことが大切になる。

株式投資は上げ基調だから儲かるのではなく、上下するからこそ儲かることを知らなければならない。こんな背景だからこそ、チャンスがごろごろ転がっているとも言えるのだ。そこで重要となる基本が「板情報の読み方」である。これを読める人だけが勝つのだ。この時期にあえて再び改訂を重ねたのは、投資家にこのチャンスをしっかり掴んで欲しいからである。「今だからこそ、勝つ投資」の秘訣を書き加えたので、ぜひとも活用していただきたい。

株式市場は「デイトレード」全盛である。多くの投資家がアメリカ、アジアの株価や為替相場、さらに企業の業績をにらみながら、リアルタイムの板情報やチャート・データに張り付き、5分、10分間での利益確定の醍醐味を味わっている。

もちろん、スイングトレードのスタイルを確立することも大切である。

これは一昔前とは違い、ネット証券のサービス向上で、個人投資家がリアルタイムの株式売買の手段を獲得したからだ。しかも手数料はきわめて安く、ほとんど無視してもいいくらいの費用である。

ここで何が起きるかと言えば、「数カ月先の相場」よりも「1分先の株価変動」で利幅を稼ごうという動きである。ましてや世界中の金融情勢が常に不安要因を抱えていれば、なおのこと将来の相場が読めない。「予測できない明日よりも1分先の株価」となるのは当然だ。

そのチャンスはいくらでもあるし、面白い。ワクワクする。まさにプロ顔負けだ。

だから今、株をやるには、株価の動きをビジュアルに見られる「板」情報や、株価の方向性と売買出来高がリアルタイムで表示される「分足」チャートをしっかり読んでいくことが大切になる。中には、この技術を身につけないで、まだ「勘」に頼って売買している人がいるが、無謀であり、勝つ確率が低い。

株式相場は様々な要因で乱高下するが、機敏なトレードの技術を身につけていれば、「鬼に金棒」である。プロにも勝てる可能性大である。ダウが上下しようが、東京の株価が上下しようが不安はない。株価が動いている限りは「儲けのチャンス」があるからである。

しかし、現実には個人投資家は連戦連勝できない。負ける人も多い。それは技術が未熟だからだ。さらに欲張りだからである。だから勝てない。株価は思うようには動いてくれない。

本書では「勝率を上げる手段」と「戦略」を基本から教えることにした。うまくいかない人もこれからの人も、どうか本書をバイブルにして、大きな利益を積み重ねてほしい。

あなたの投資資金に比べれば、本書の代金は全く気にならない負担である。しかし、この本の効果は資産倍増はおろか、10倍、20倍を成し遂げるであろう。

ぜひ本書を参考にして、機敏なトレードの技術を身につけていただきたい。

東田　一

はじめに
——機敏なトレードの技術を身につけておこう

プロローグ 波乱相場だからこそチャンスがある

第1部 「分足」チャートで流れをつかむ

【初　級】

【中 級】

〈法則〉

【上級】

第2部 「板」情報で売買のタイミングを図る

【上級】

プロローグ

波乱相場だからこそチャンスがある

波乱相場でどう稼ぐか

デイトレのチャンスは、景気動向だけではなく、株価の変動にある。上がるも下がるも、それが激しければ激しいほど、プロの世界では「美味しい値動き」ということになる。

株式市場はアメリカの大統領選挙でバイデン氏が勝利したため，彼の政策の目玉である環境政策やインフラ投資などでアメリカ経済が良くなるとの予測からダウ平均が上がり、連れて日本やヨーロッパも上昇した。ただ、これが一方通行に上がるとの楽観主義は危ない。

しかし、一緒になって不安になっていても仕方がない。投資家が考えるべきは、激しく動く値動きの波に乗って、頻繁に、機敏に、トレードすることである。

株式投資でおいしくないのは、「持ち合い」「小動き」である。大きく上下にぶれれば、変動の幅が大きくなるので、上に行くにしても下に行くにしても儲けやすい。このときに大切なのがチャートと板情報をしっかりと読むことだ。

恐怖の下げがあれば、思い切って「売り建てる」。反動の上げがあれば、それに乗って「買い上がる」。この繰り返しを俊敏に行うところに勝機がある。

2 金融不安の可能性はいつもある

今後の株式市場は、おおむね安泰に推移するというのが一般的な見方である。これは、コロナのワクチン接種の進展とバイデン大統領の登場で、アメリカ経済が全般的に景気刺激対策に傾くために、NY市場が堅調になり、連れて東京やロンドン、フランクフルトなどの市場にもプラスの影響をもたらすのではないか、とのリスクオンの株価の傾向が予測されるからである。

特に、東京市場は大幅な外人の売り越しであったために、なかなか3万円の日経平均株価を超えられなかったが、NY株価の上昇で、相対的に東京市場の割安感が出てきて、外人投資家も一転して買い越し姿勢に傾いてきた。

しかし、東京市場の3万円前後の株価は強弱感が対立する。一本調子の上げというよりは、売り買い交錯の中で、相場は推移すると考えられる。また、為替相場がアメリカの金利上昇で円安に傾き、輸出関連などに業績の上方修正の可能性が出てきた。そこで、相対的な割安さが意識されて、株価目標も上げられていくとの見方が強まってもいる。

3 常勝の投資家は朝の数分に賭ける

相場が読みやすいのは朝一番である。それはニューヨークの動きにつられて動くからだ。後場はアジアの動きや国内の様々な情報に左右されるので、なかなか動きが読みにくい。そこで、儲けている投資家は最も相場が読みやすい「朝一番」に素早くトレードを行っている。どうしたら良いか。それはニューヨークが下げたときはそれに準じて売り銘柄を用意して落ちていく数分に賭けることだ。そこで勝負は終わりにするのである。また、円が安くなったら、朝一番で輸出関連を買う。そして、素早く逃げる。

さらに、下げすぎた相場は揺り戻しが必ずあるのでそこで買う。一方、上げすぎた銘柄には必ず利益確定の売りが出る。そこで「売り」を仕掛ける。

このように、相場が読みやすいときにだけ売買をして、差益を稼ぐ。その後はトレードをやってはいけない。負けるタイプの人は、さらに欲を出し、トレードをやって結果的にやられる。これでは「労多くして益なし」である。自信のあるときにだけ売買をしていくのが成功するトレードの鉄則である。

4 荒れた相場では仕手株が乱舞する

市場が不安心理に覆われているときは「仕手株」の出番である。優良銘柄が買いにくいときは、意図的に動かしている銘柄のほうが値動きを読みやすいので、注目が集まる。

そこで、出来高や値動きを見ながら、その流れに乗って売買するのが良い。

ときどき材料で大きく跳ねるのが創薬ベンチャーだ。タカラバイオ（４９７４）もそのひとつ。遺伝子工学を駆使したがん治療薬で大塚製薬へのライセンス供与が材料になって、派手な動きを見せている。前に小野薬品工業（４５２８）が、やはり、がんの免疫療法で大きく値上がりしたのと似ている。これらの銘柄には、当然、仕手筋も狙いを定めてくる。

乱世に動く仕手株で儲ける方法は「ロットは大きく、値幅は小さく」である。機敏に動き、少しの値動きで勝負できる人は「勝つチャンス」が多くなる。

これを確実に行って、利益を積み上げていくことが大切である。「相場が読めない」などと嘆いていないで、勝利の方程式を実践してほしい。これができる人はすでに株式投資だけで飯を食っている。今は素早いトレードの技術を身につけた人だけが勝てる時代なのだ。

だからこそ株式投資はデイトレードで

デイトレが流行る理由は株価変動に隠されている。株価が上げるか下げるかは、1分先、2分先は板を見ていればわかる。しかし、5分、10分先はわからない。ましてや、今日1日、明日、1カ月先のことなど難しい。

確かに、昨年からニューヨークと日本、それにドイツなどの株価は上げている。コロナ対策の超金融緩和が大きく影響して、NYダウは3万5000ドルを突破した。

しかし、経済はすっかりグローバル化して、私たちのまったく目の届かない地球の反対側で起こった出来事もすぐに株価に反映するようになっている。さらに複雑に証券化された金融商品が氾濫し、何が誘引するかも不透明な経済となった。

いかに企業業績が良くても、上海やニューヨークが下げれば、「含み益」などはたちまち消えてしまう。これではせっかくの利益確定のチャンスを逃す。

それで、可能性のあるときにしっかり利益を確保する、このスタイルが当たり前になってきたのだ。

「長期投資で大きく儲けたい」ということは誰でも考えている。週足チャートなどを見ても「期間をかけるメリット」は誰でもわかっている。

しかし、プロもアマも激しい売買を行っている今、不透明な明日やその先の含み益を期待するよりも、目の前の1万円、2万円を確実に取っていったほうが取引の結果は良い。

投資をするならば、不確実な将来の株価を期待するより「今の利益」を最優先にするのは当然のこと。そんな中で個人投資家もネットを最大限利用してデイトレに励むようになったのである。

POINT

将来の100万より、目の前の1万

株価の動きは不透明である。
予測できない将来の株価よりも、目の前の利幅を確実に取るほうがいい。

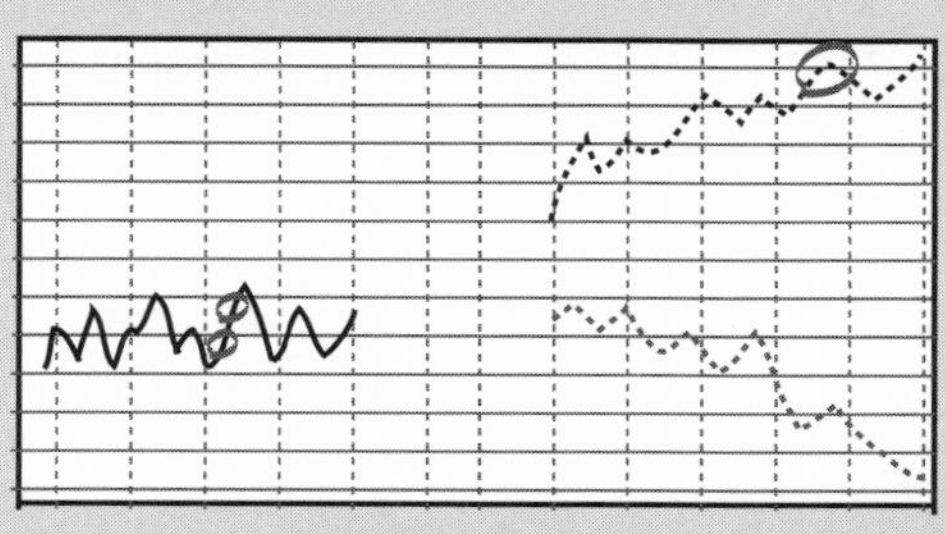

上げ下げがあるからこそ確実な売買を

中期投資である銘柄を持ってみるとわかるが、買値を上回り「これはいい」と喜んでも、何かがあれば、たちまち下落し買値を下回る。これはいくらでもあることだ。

そこで考えることは、上げているうちに売り、下げたら買い戻せばいいということである。これはチャートの日足を見ればわかる。毎日、株価が上げ続ける、すなわち陽線が連続することはない。上げている銘柄でも陰線も結構多い。

これは何を意味するかと言えば、ある銘柄を買っても、必ず下がるときもあるということだ。だから、上げたら売り、下げたら買う、この繰り返しの投資を行うことがいかに賢明かがわかる。

運悪く、利益確定した後にさらに上げたら、諦めるしかない。ほかの割安な銘柄で売買を行えばいい。

それをやっているうちに、上げたはずの銘柄が下げてきたりする。そしたら、また買えばいい。これが今の株価の動きである。

一番いけないのは、買った銘柄が値下がりし、塩漬け状態になることだ。そうなれば、売買の資金が少なくなり、せっかくのチャンスが減ってしまう。

今の投資スタイルは、目先売買で確実に利益を取ることだ。意に反して下げたら「損切り」をして、ほかの有望な銘柄の上げを狙うというスタイルだ。

これを超短期の1日のうちに行うのがデイトレードであり、1時間でも数分の中でも行うのだ。

どんなに相場環境が悪くても、下げがあっても必ず上げの局面も存在するからこそ、差益取りのチャンスがあるわけだ。

POINT

株価は一本調子では上がらない

分足で見ていくと、株価は上げては下げ、下げては上げを繰り返すので、デイトレでは小幅で利益確定していくのが賢明である。

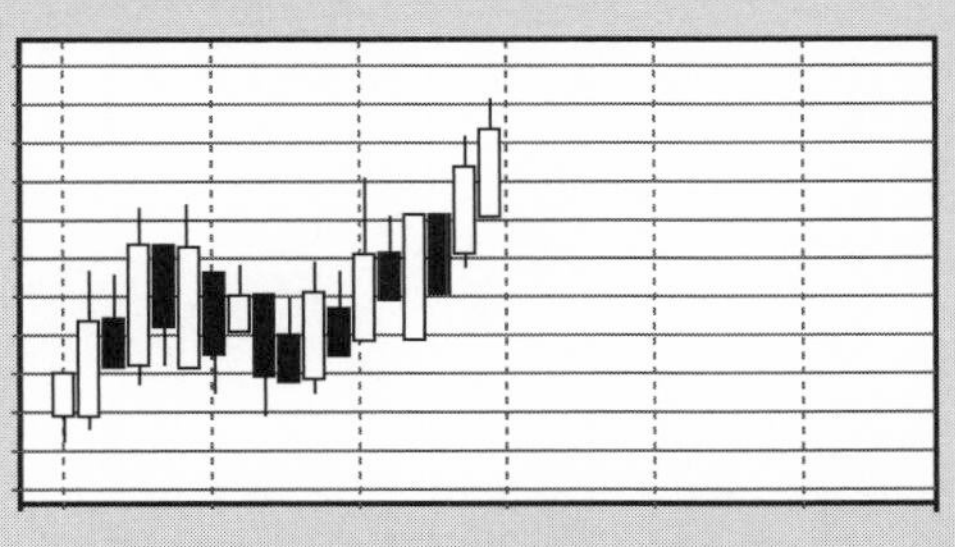

7

みんながデイトレード、投資環境の影響

株価の動きを時系列で見ていくと、いかに勢いよく上がっても、かならず調整が入る。それはデイトレーダーやプロのトレーダーの利益確定の売りが出るからだ。

投資ではこの波に乗らないと効率が悪い。勢いよく上げているときに、小幅で利益確定している限りは儲けの確率はきわめて高い。欲張って、株価が押してきたときに利益確定すると下落のときに売ってしまいがちになるので、結果的に利幅が薄い。それどころか「投げ」を行ってしまう。

「株を買って、勢いが出たときに売却する。誰よりも早く」――これが「デイトレ必勝法」である。

誰もが「トレードでは儲けたい」と考えている。その中で「他人を出し抜く」ためには、小利でも確実であることが必要だ。

どこで利益確定するか、それは板に勢いがあるときだ。上値をガンガン食べているとき、これに「成り行き」で売りをぶつけるのである。

にもかかわらず、「まだ上がる」と欲張っていればだいたいは急落に遭う。

我先の利益確定に株価が押されるからだ。

この波に乗るには、デイトレードで「板に上昇の勢いがあるとき」に取り引きするのが確率が高くなるのだ。

デイトレードの基本は「その日のうちに取引を終了する」ことである。投資家によっては、前場のうちに、後場のうちに、または数分のうちにと時間を区切って取引をする。

仮に、後になって値が吹き上げても、それはそれで諦めるか、またはさらに押し目を狙って取引に挑むのである。

ましてや、スマホさえあれば、誰でも、いつでも、どこでも、投資の機会は得られるのだ。

POINT

今はデイトレード環境だ

株価の動きはトレーダーの投資行動に左右される。

強気の上げ局面
この下げは
あわてての
利益の確定売り
この動きでしっかり
利益をとっておきたい

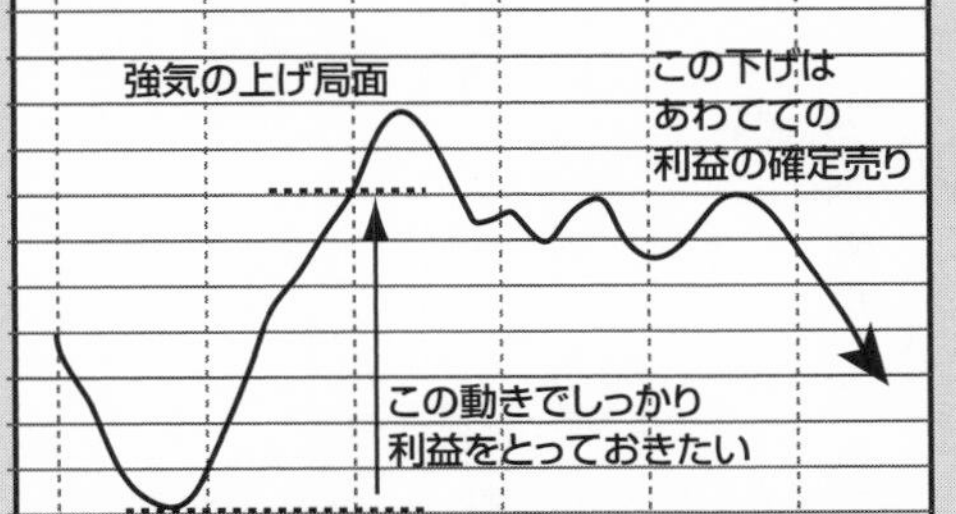

トレーダーの激しい動きを読んで売買する。

デイトレードの鍵は「板」にある

株を買い、その後の株価の動きを監視するツールが、「売り」「買い」の株数のバランスを表示してくれる「板」情報だ。

買い板が厚いときは上値が期待できる。逆に売り板が厚くなってきたら必ず下げる。これは間違いない。

しかし、それだけでは確率は良くない。株価は板を見ながら売買するが、何か材料が出ると状況は急変する。これは板を見ていると、板のバランスに関係なく、急騰するか急落する。ここでは素早い対応をしなければならない。

さらに、TOPIXなどのデータも気にしなければならない。個別の銘柄で「なんだか下げてきたな」と感じて、全体の株価を見るとガンガン下げている。個別銘柄は個別の要因で動くが、相場全体の動きに影響される。森があって、木があるというわけだ。

これを目ざとく見て売買していけるのはデイトレードならではの手法だ。

板では「歩み値」というものがある。ある株価で売買が成立したときに、どれだけのボリュームがあったかがわかる。

大口（外国人、法人）の売買があるときは大量の株数の売買が成立する。大きな単位の売りが買われると、「機関」の買いがわかる。

そうすると、「上値余地」は期待できる。まさに、証券市場の動きが目の前のパソコンやスマホでわかる。これで、しっかりチャンスをつかむ。それが今の株式投資のスタイルである。

しかし、この板の動きには様々な特徴がある。東証一部と新興市場の銘柄による違いや単元株の違いだけでも現れ方が変わる。そのときの人気銘柄かどうかでも違う。

しっかり勉強して取り組んでいきたいものだ。

POINT

板情報はめまぐるしく変化する

売	気配値	買
10,000	894	
20,500	893	
16,000	892	
39,300	891	
58,900	890	
	889	3,900
	888	20,300
	887	4,900
	886	11,800
	885	16,700

890円の売り板が厚いが、相場環境であっと言う間に変化する。

9 株価の動きは「分足」チャートで見ていく

デイトレードで便利なのは「分足（ふんあし）」だ。1日の株価の変動をローソク足の連続で見ていくチャートである。一般的には5分足が利用されるが、証券会社のサイトによっては1分足、3分足などを基本にしているところもある。

売買の成立は一瞬である。ローソク足には月足、週足、日足もあるが、デイトレーダーは一瞬で判断し、わずか数分で取引を終了させることもあるため、やはり最重視するのはこの分足だ。わずかな利幅でも、それを1日の中で繰り返して利益を重ねる。

これらの分足には、そのときの売買出来高も表示される。出来高が増えてきて陽線が続いたら、明らかに「上値追い」の様相だ。この動きでは、陽線から陰線に転換するまで待てばいい。

右肩上がりの陽線が続いた後にいきなり陰線が出てきて、それが増えてきたら、即刻売りである。これは分足ならではの戦法だ。

板だけを見ていたのではなかなかつかめないことが、分足でビジュアルにわかる。投資作戦はこのチャートを見ながら立てていくのが良い。このような投資スタイルは、ネット証券が手数料などのサービス競争を行うことで便利になった。

さらに、「今、どの銘柄が人気化しているか」は、ヤフーの「ランキング」でわかる。値上がりランキング、売買出来高ランキング、売買代金ランキング、さらに、出来高増加ランキング。これらの豊富なリアルタイムの情報で、「今、どこに人気があるのか」がわかる。

それも、分足を見ておくことで、投資のチャンスがあるかどうかの判断ができやすい。

今、ネット証券のすべての情報は短時間勝負のデイトレードのためにあると言って良い。

この魅力のある環境で、技術を磨き、素早く

POINT

分足も見ながらタイミングを図る

「カラ売り」をしなくても、1日のうちに何度も差益取りのチャンスがある。

売買を行うことは投資家の楽しみでもある。
その気にさえなれば、可能性はいくらでもある。
市場が良くても悪くても、株価変動自体が利益を出せる環境だからである。

今や、個人投資家であっても、複数のパソコンもしくは複数のモニターを立ち上げて（証券サイトはひとつのログインＩＤで複数のログインが可能だから）、個別銘柄については「板」情報を開きながら「分足」チャートを見ている。しかも同時に複数の銘柄まで注視している。そして、さらにＴＯＰＩＸなどで全体の動きを見ているのだ。

そして、仕事の関係で前場だけ市場に参加するという人や、奥さんであってもまるでパートに行くように後場の2時間半だけ参加するというように、目を皿のようにしてパソコンやスマホに向かっているのだ。もちろん、移動中はスマホで対応できる。

このような投資環境で、利用できるツールとしての板情報や分足チャートを駆使して、ぜひとも投資成果を上げていってほしい。

第1部

「分足」チャートで流れをつかむ

1 チャートの基本はローソク足

株価の動きを表すチャートの基本は1本のローソク足だ。このローソク足は、株価の上昇を表す陽線と下落を表す陰線の2種類が基本となっている。それぞれ本体の方形とその上下に突き出たヒゲで構成される。

まず陽線であるが、ある一定期間で終値が始値を上回ったとき白い長方形で表され、その期間内につけた高値が上ヒゲで、安値が下ヒゲで表される。高値と終値が同じとき、安値と始値が同じときはそれぞれのヒゲは消える。株価が上昇傾向のときのローソク足だ。

反対に陰線は、その期間内に終値が始値を下回ったときに黒い長方形で表され、やはり高値・安値が上ヒゲ・下ヒゲで示される。株価が下落傾向のときのローソク足だ。

この場合、一定期間の違いで、月足・週足・日足・分足などと使い分けられる。デイトレで重視される分足の代表格が5分足だ（2分足を標準表示とする証券サイトもある）。

ただ、陽線は株価の上昇傾向、陰線は株価の下落傾向を表すと言えるが、図の陽線・陰線それぞれ左右の株価の動きでも同じローソク足で表されるので注意も必要だ。

株価上昇を表す陽線

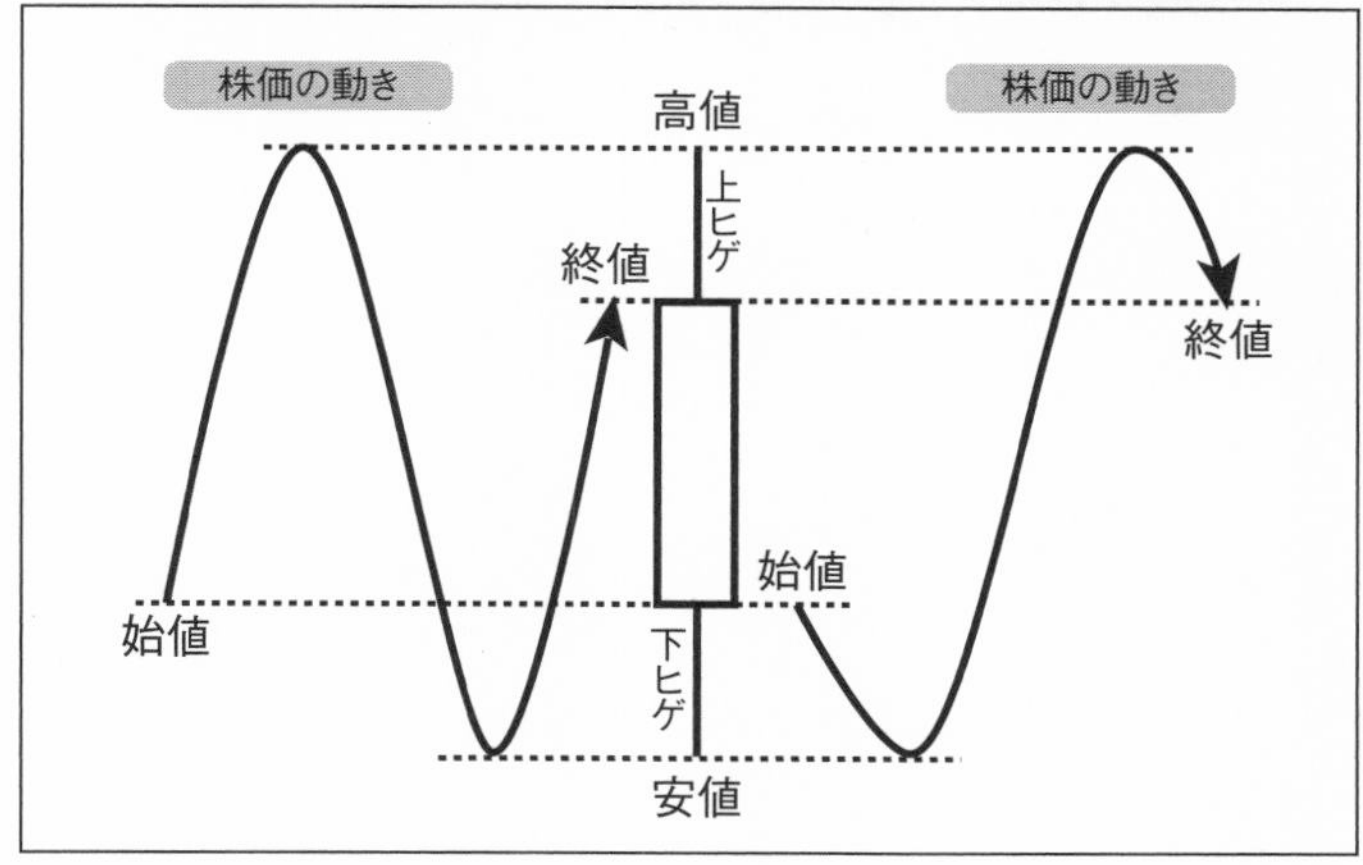

株価下落を表す陰線

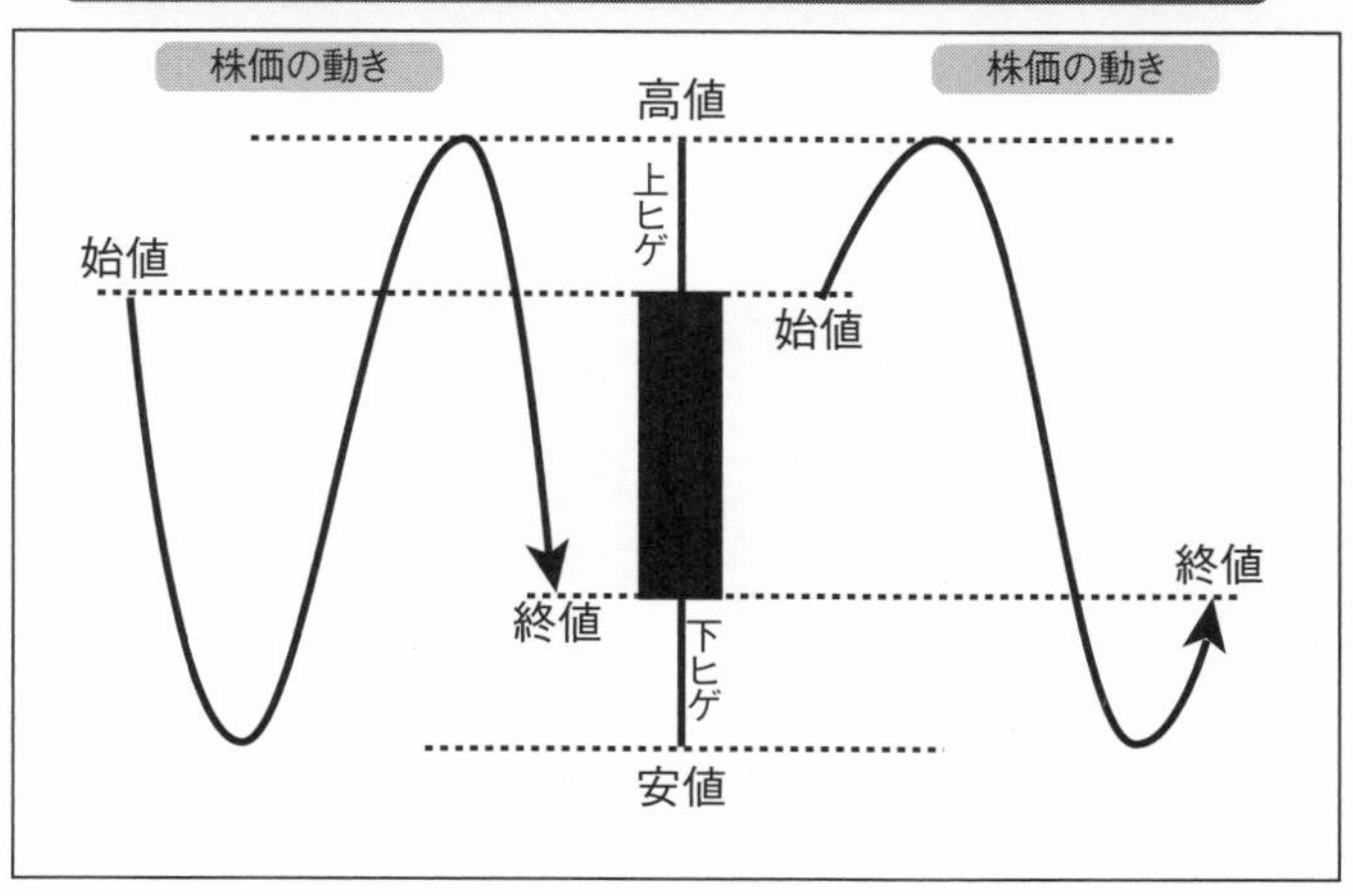

2 1本の分足ができるまでの値動きを考える

デイトレでは分足、一般的には5分足から値動きを予測する力をつけなければならない。

たとえば陽線1本でも、前項で説明したとおり2つの動きが含まれている。

ひとつは、「始値」の後、いきなり「高値」をつけ、その後「売り」に押されて「安値」をつけるものの、再び「買い優勢」で「始値」以上の「終値」をつけて取引を終了した場合の陽線。もうひとつは、「始値」の後、いきなり「安値」をつけ、その後「買い優勢」に押されて「高値」をつけるものの、再び「売り」に押されながらも、「始値」以上の「終値」をつけて取引を終了した場合の陽線だ。陽線をつけたからと言って単純に喜んでばかりいられない。

また同じ陽線でも、出来高を伴っていれば資金が流入しているわけだから「相場は強い」と考えられ、逆に薄商いの中を上昇していても資金は流入していないから「相場は短命に終わる」と予測できる。

陰線の場合でも同様のことが考えられる。

陽線が表す2つの値動き

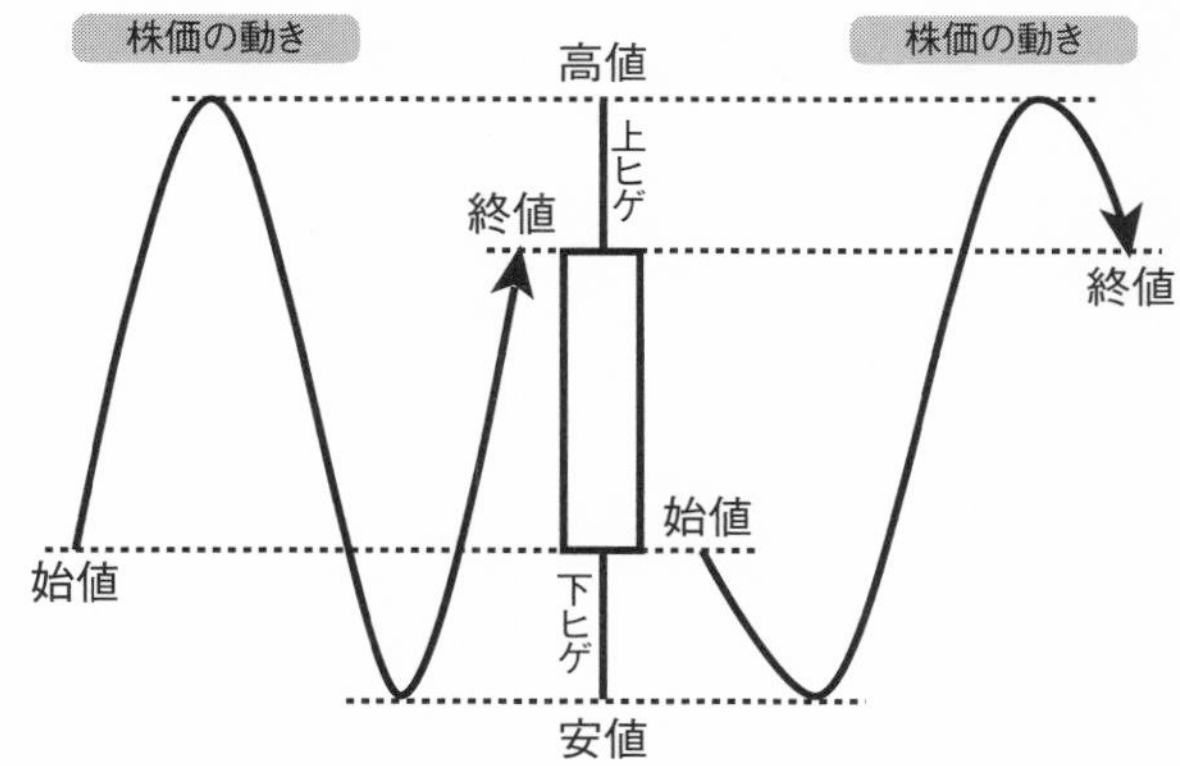

「始値」の後、いきなり「高値」をつけ、その後「売り」に押されて「安値」をつけるものの、再び「買い優勢」で「始値」以上の「終値」をつけて取引を終了した。

「始値」の後、いきなり「安値」をつけ、その後「買い優勢」に押されて「高値」をつけるものの、再び「売り」に押されながらも、「始値」以上の「終値」をつけて取引を終了した。

■デイトレでは瞬間の動きでも利益確定に動きやすいので分足の中でも激しい値動きが存在する。
■出来高が伴っているかどうかで相場の強弱を判断し動く必要がある。
■この動きを分析するためにローソク足の組み合わせで判断したり、「板情報」や「ティックチャート」を活用する。

「陽線」「陰線」の様々なタイプから株価の先行きを読む

陽線・陰線と一口に言っても、それには様々なタイプがある。そして、それぞれのタイプには株価の先行きを示す意味が含まれる。

◆8つのタイプの陽線

陽線は株価の上昇基調のときに多く現れるものだが、単純に「上昇」とも読めない。たとえば、「ヒゲのない大きい陽線」は「陽の丸坊主」とも言うが、これは株価が上昇する勢いがきわめて強いと考えられ、出来高が伴っていれば、一時的に下押しする傾向があっても、短期間で相場が終わることは少ないと考えられる。

それに対して、「小さい陽線にヒゲが上下に伸びているローソク足」は「コマ」と呼ばれ、上昇過程であっても、株価の先行きに「迷い」が生じていることを示している。「コマ」が現れると相場の転換点にさしかかっていると考えられ、十分な注意が必要になる。

陽線の様々なタイプ

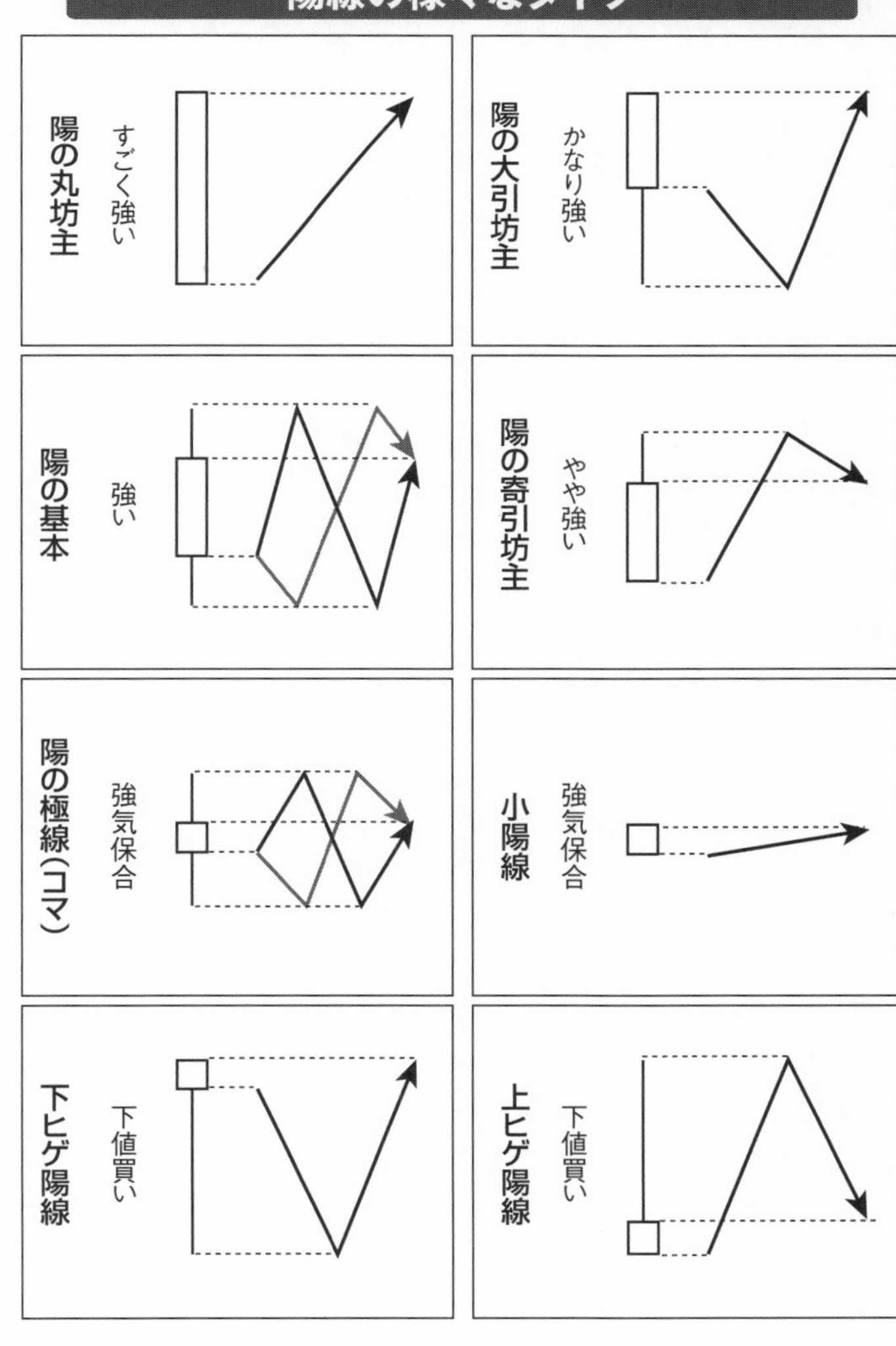
陽の丸坊主
すごく強い
陽の大引坊主
かなり強い
陽の基本
強い
陽の寄引坊主
やや強い
陽の極線（コマ）
強気保合
小陽線
強気保合
下ヒゲ陽線
下値買い
上ヒゲ陽線
下値買い

陽線の上下に伸ばしているヒゲは、それが「長い上ヒゲ」ならば大量の売り注文が上値に待ち構えているために、当面の天井をつける公算が高いと考えられる。「長い下ヒゲ」の場合はその逆となり、大量の買い注文が下値に待ち構えていると考えるのである。

◆8つのタイプの陰線

陰線の場合は、前の陽線と逆の傾向を考えればわかりやすい。つまり、株価の下落基調のときに多く現れやすいローソク足だ。

これにも様々なタイプがあり、やはり単純に「下落」とだけ読めないのが難しいところだ。たとえば、大陰線（上下に長い陰線、ヒゲのあるなしにかかわらず）の場合は急落にあり、さらなる下値を予測しなければならない。ところが小陰線の場合は持ち合いとなり売買の攻防となる。

また、下値圏で長いヒゲが出れば下値限界→上げのシグナルとなる。逆に上値圏で上ヒゲが出たり、一段高いところに放れて出れば宵（よい）の明星となり、上値限界→下げのシグナルとなる。

陰線の様々なタイプ

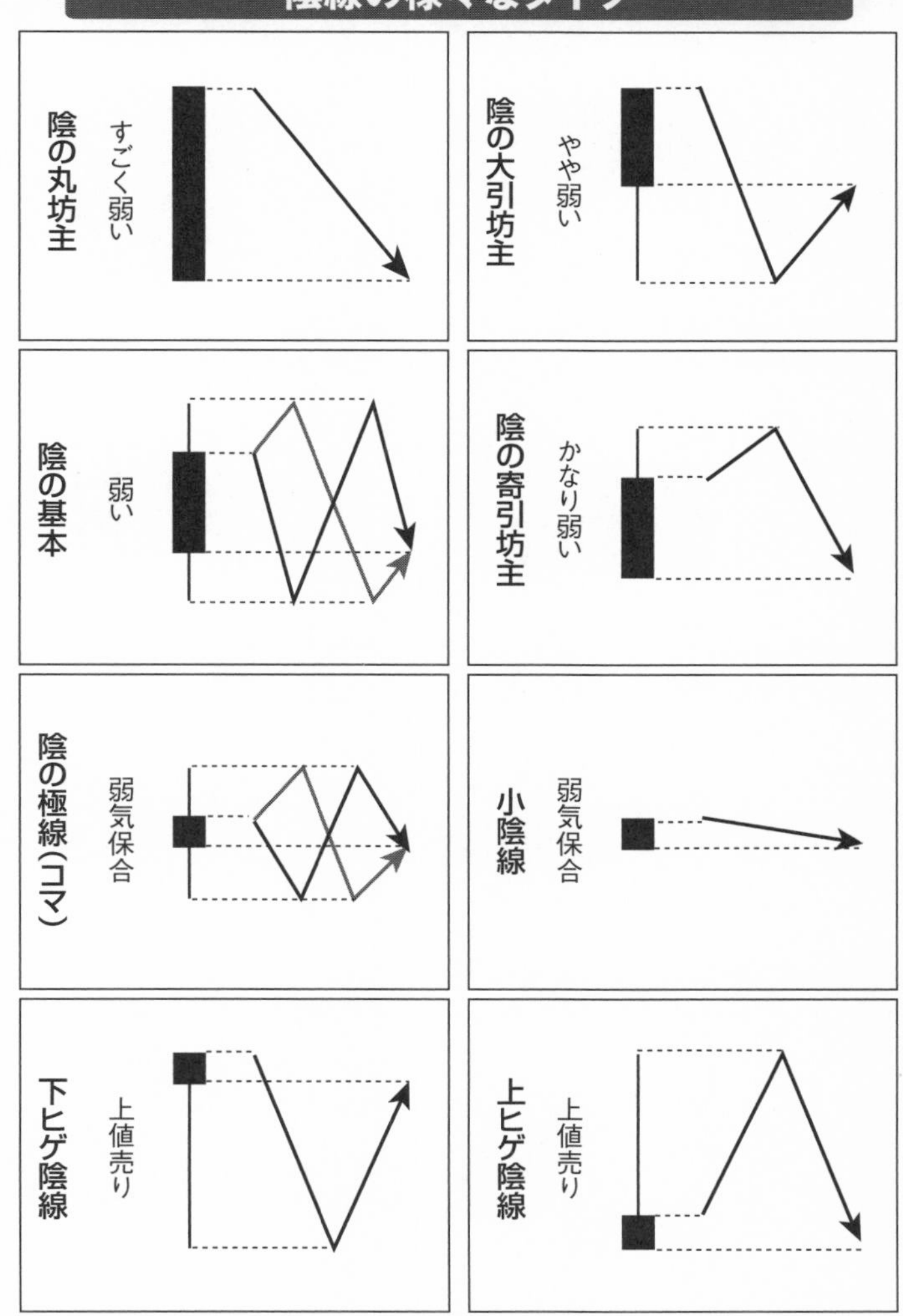
陰の丸坊主
すごく弱い
陰の大引坊主
やや弱い
陰の基本
弱い
陰の寄引坊主
かなり弱い
陰の極線(コマ)
弱気保合
小陰線
弱気保合
下ヒゲ陰線
上値売り
上ヒゲ陰線
上値売り

「寄引同事線」の読み方

「寄引同事線」というのは、寄り付きの「始値」と引きの「終値」が同じ株価のときに現れるローソク足だ。

これにも様々なタイプがあるが、共通して言えることは、この先、株価は上か下かのどちらかに転換することを暗示しているということである。

たとえば、ヒゲが上下に長く伸びて「十字架」のような形をしているものを「足長同事線」と言うが、これは強気筋と弱気筋の力が拮抗しているときに現れる。

また、下に長いヒゲだけが伸びているのを「トンボ」、上だけに長いヒゲが伸びているのを「トウバ」と言う。いずれも上下どちらかに株価が転換することを暗示するため、こうしたローソク足が現れたら、株価の基調が変化する前触れだということを知っておきたい。

さらに、始値と終値が同じ株価で、それ以外に動きがないときに現れるのが「一本線」だ。このようなときは出来高も少なく、不人気の銘柄だということが言える。

寄引同事線の様々なタイプ

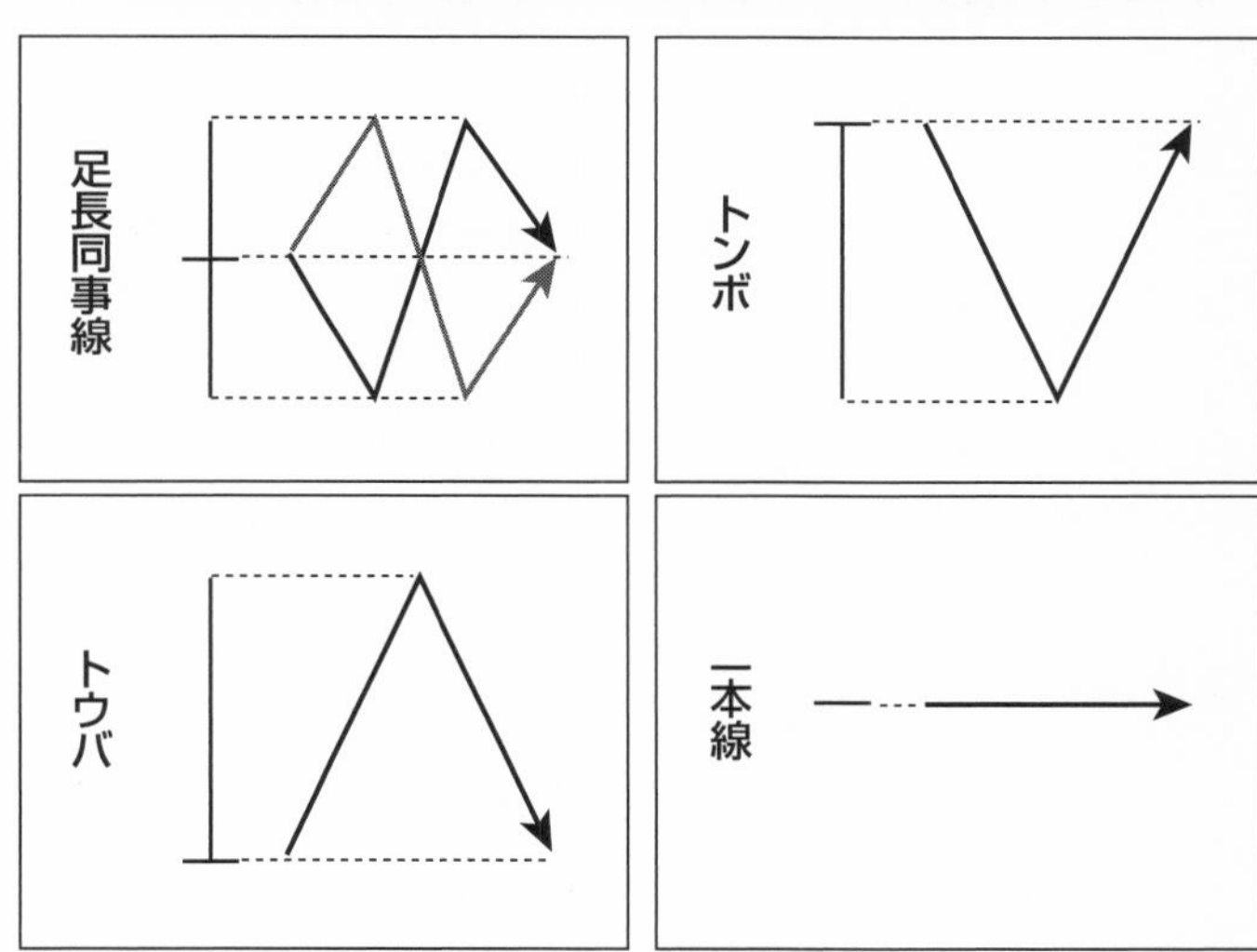

足長同事線　ヒゲが上下に伸びて、短いものは「十字線」とも言われるが、長いものを足長同事線と言う。
トンボ　下にだけヒゲが伸びているもの。
トウバ　上にだけヒゲが伸びているもの。
一本線　出来高が少なく、不人気のときに多い。

同事線には４種類のものがあるが、いずれの場合も「この先、株価は上か下かのどちらかに転換する」ことを暗示している。

5 「上ヒゲ」「下ヒゲ」の読み方

ローソク足のもうひとつの基本が「ヒゲ」である。それには「上ヒゲ」と「下ヒゲ」がある。上ヒゲが複数連続したような状況では、強気筋が株を買い上げる中で、「天井だ、売っておこう」という筋の人も非常に多くいて上値が重くなる。それで、さらなる高値には行かないことを示している。1回の上ヒゲでもそのシグナルだが、2回以上上値を試せば強烈な下げシグナルだ。このシグナルが出ると「売り時だ」と考える人が多くなってくる。

おおむねその後には大陰線が出るが、2本以上の上ヒゲから当然に予測されることなので、このようなローソク足が出たときには、素早く利益確定、ないしは信用の売りを仕掛けなければならない。

反対に、下値で下ヒゲが出るときがある。これは、それ以下の株価では買いが多くあり、売りがいかに増えてもそれを吸収してしまうという現象から起きる。これは下値のシグナルであり、これ以上は株が下にいかないという判断をしなければならない。大多数の投資家がそのような判断をするため、次の段階では株価は上昇していく。

「ヒゲ」に現れる上値と下値のシグナル

上ヒゲの後の下げ

「そろそろ天井だ、売っておこう」

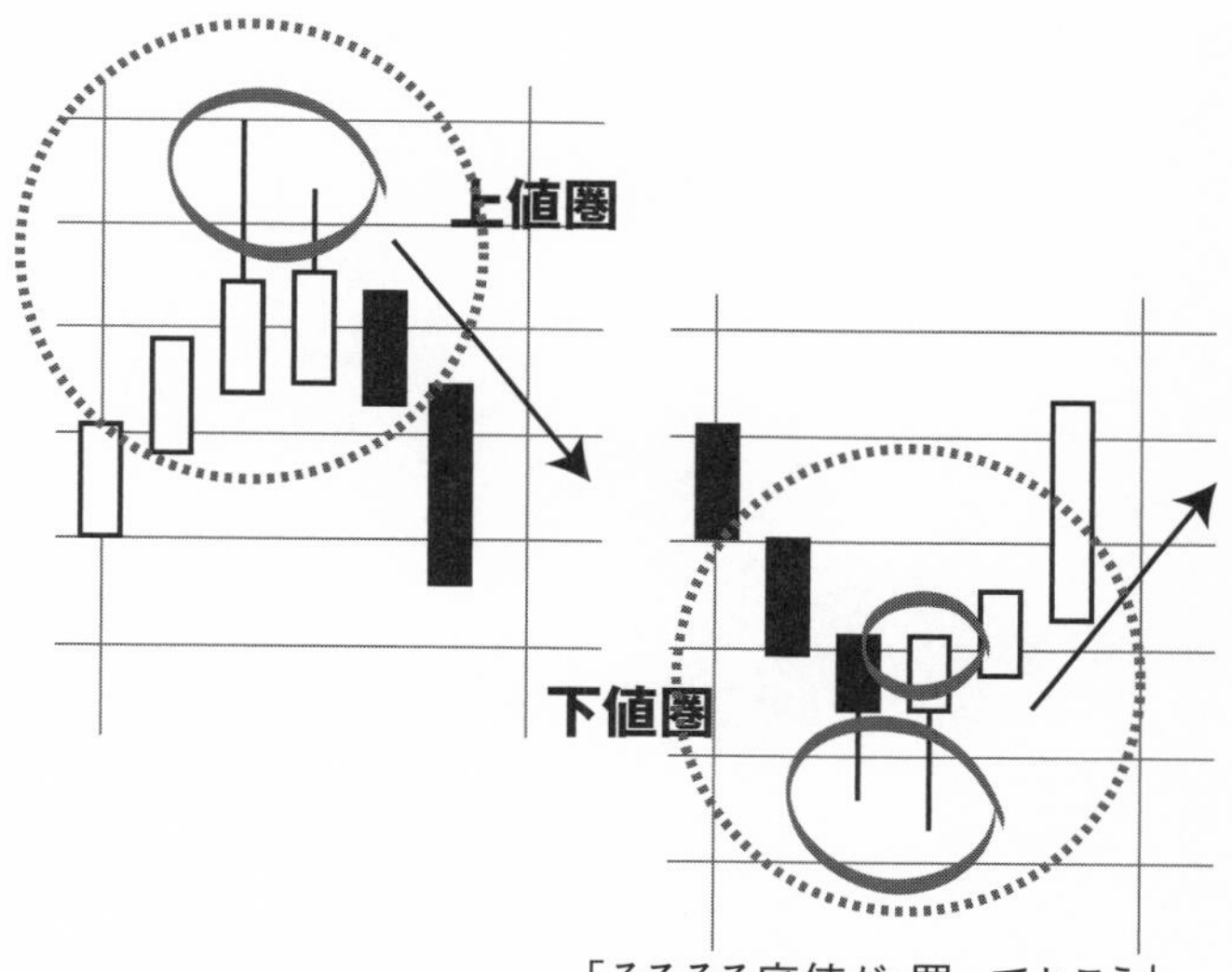

「そろそろ底値だ、買っておこう」

下ヒゲの後の上げ

POINT

■2本も「上ヒゲ」や「下ヒゲ」が連続するとわかりやすい。
■「上ヒゲ」が2本も続くと下落しやすい。
■「下ヒゲ」が2本も続くと上昇しやすい。

「大陽線」「大陰線」が出たときの読み方

◆大陽線が出たとき、どんな意味を持っているのか

ローソク足の形状は様々な意味を持つ。相場の方向性や、市場で株式売買に参加している人たちの強弱感を一定期間で表している。

その中で大きな陽線は、買い意欲が強く、始値に対して終値の株価が大幅に上昇したときに出るものだ。

大陽線が出るときには、「さらに株価は上に行くだろう」という人たちの買いが多くなり、売りが少ないか、上げを見て売りをやめる人が多くなるために、株価が上に向かったことを表す。株価が急激に上がり始めると、その動きに乗って買う人は多くなるが、弱気の売りは引っ込む。大量の売りをぶつける人はきわめて少ないからだ。「もう少し様子を見ていればさらに上がるのではないか」という考え方が支配的になるのだ。

この大陽線は、5分足では5分間で形成されるので、その動きを見て陽線が続きそうであれば、板情報を見ながら素早く買いを入れることである。

大陽線は強い上昇感の表れ

大陽線

「もう少し様子を見ていれば、さらに上がるのではないか」という考え方が支配的になる。

■先高を予測する人たちの買いが多くなる。
■売りが少ないか、上げを見て売りをやめる人が多くなる。
■急激に上がり始めると、さらに買いが増えて大陽線になる。

◆大陰線が出たとき、どんな意味を持っているのか

大陰線はだいたいは相場の下げ局面を表している。しかも小さな陰線に続いて出れば、下げのダメ押しとなる。

大陰線ができる要素としては、株価が大きく上がり過ぎたために利益確定の売りが殺到したり、何か悪材料が出て売りが殺到している状況が挙げられる。さらには、株価の下落を見て信用の売り建てをする人が多くなってきているときである。

大陰線が出そうな気配のときは、利益確定を急ぐことが必要だ。さらに売り建ての用意も必要になる。買値によっては損切りの決断も必要になる。とくに天井圏に陰線が出てきたら素早く売り建てる作戦が有効になる。

単なる1本の大きな陰線だが、そのローソク足が持つ意味合いにはきわめて大きなものがあり、この陰線に対して素早く行動できるかどうかが、デイトレードの成否を決めることになる。

株式投資では、上がるか下がるかの2つの方向しかないが、上がる場面に急いで乗る、下がる場面に素早く利益確定する、その勇気が必要となる。それがデイトレードで成功するポイントだ。

大陰線は強い下降感の表れ

株価が大きく上がり過ぎたために利益確定の売りが殺到し、あわてて売りが出てきたとき。
何か悪材料が出て売りが殺到しているとき。
株価の下落を見て信用の売り建てをする人が多くなってきたとき。
大陰線

POINT

■先安を予測する人たちの売りが多くなる。
■買いが少ないか、下げを見て買いをやめる人が多くなる。
■急激に下がり始めると、さらに売りが増えて大陰線になる。

7 「持ち合い」からの次の変化に注目する

◆陰線と陽線が交互に出たときの読み方

株価の方向性は、いくつかのローソク足の組み合わせを見ることにより、売り買いのバランスを分析することで、ある程度の予測ができるものである。

たとえば、「一方向へ行くのではなく、陰線が現れた後に陽線が出る。その後に陰線が出て、また陽線が出る」というようなケースでは、株価が上がっていくのか下がっていくのか予測は困難だ。


このような一定の範囲内で陽線と陰線が交互に出てきて、株価があまり上昇下落しない状態を「持ち合い」と言うが、これは次の上昇あるいは下落の綱引き状態にあり、売りは引っ込んで買いが増えれば急上昇、その逆であれば急降下するということである。

このタイミングは、次のチャンスを狙って虎視眈々と株価の動向をうかがって、売買を仕掛ける大切なポイントになってくる。

そのためには、ローソク足だけでなく板の気配値を見て、売り気配、買い気配の変化をしっ

「持ち合い」状態では次のローソク足に注目

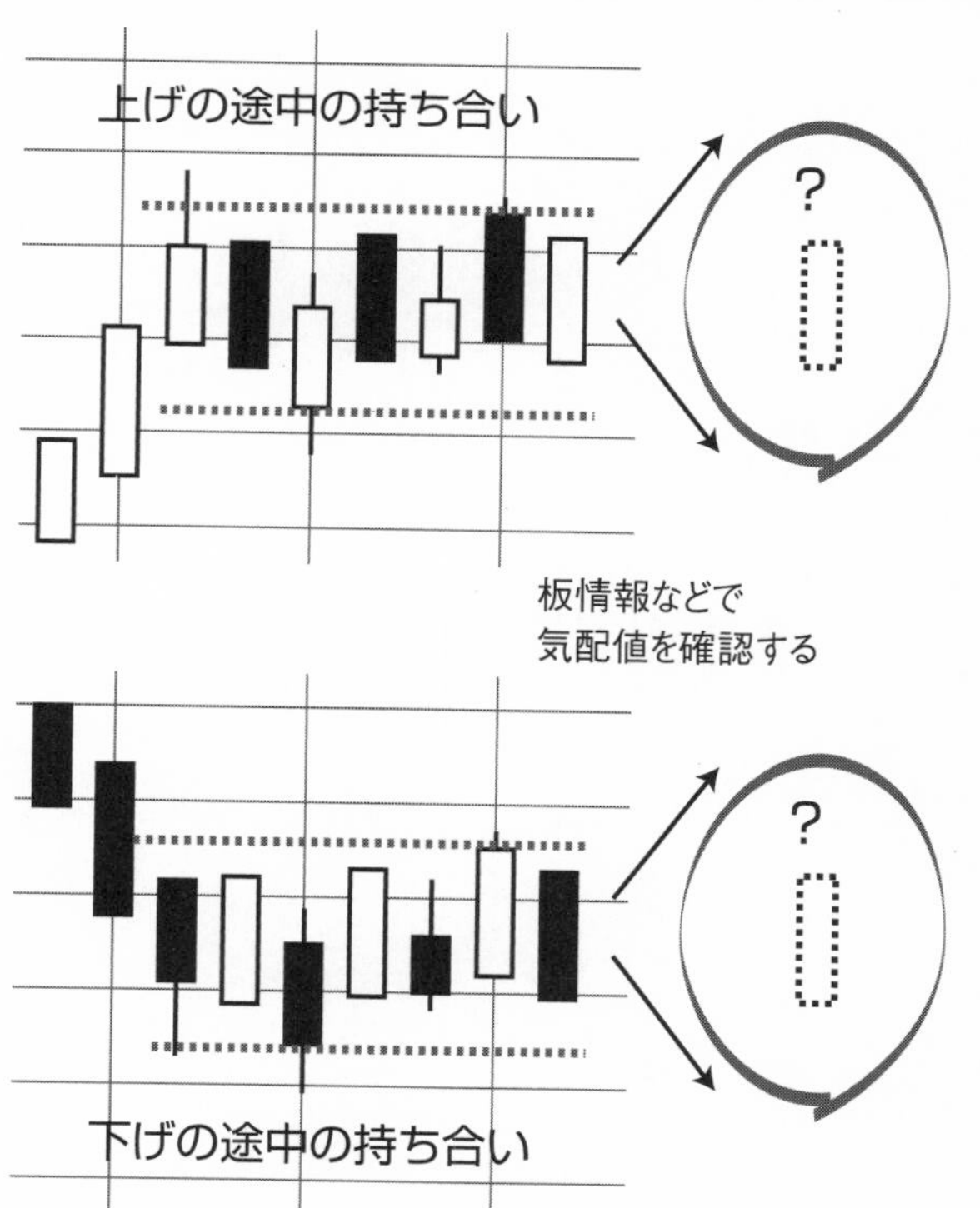

POINT

■小さな陽線、陰線が繰り返して連続することは頻繁にある。
■次のローソク足が出る前に、板情報などで気配値に注意して、買い板や売り板の厚さを確認する。

かりと見極めておかねばならない。買いが急に増えてくれば買い板が厚くなり、それにつられてローソク足も陽線が上に「持ち合い放れ」する。逆に売り板が厚くなれば陰線が続いてくるはずだ。

◆陰線、陽線の間に「同事線」が出たときの読み方

いわゆる「行って来い」の状況が寄引同事線である。これは短期間の「持ち合い」とも言える。それまでの株価を逆方向に向かわせるターニングポイントになりやすく要注意だ。

陽線が出た後で同事線、すなわち株価が上下に振れるものの最終的に始値、終値が同じ値段で終わる形になったときは、売りと買いが綱引き状態になっていることを示す。この形では、直後のローソク足にきわめて大切なシグナルが出る。長い陽線が出れば方向性は株価上昇であり、素早く買いの行動をとるのが賢明だ。

一方、陰線の後の同事線は、損切りと安くなったから買おうというチャンス狙いの売りが拮抗していることによって出る。ただ、その後で大陰線が出れば、明らかに下げの方向性が確認できる。このタイミングでは、利益確定や損切り、売り建てを仕掛けるという戦法をとることが必要だ。

陽線→同事線→陽線などと続いたとき

同事線が出ると株価に勢いがつく

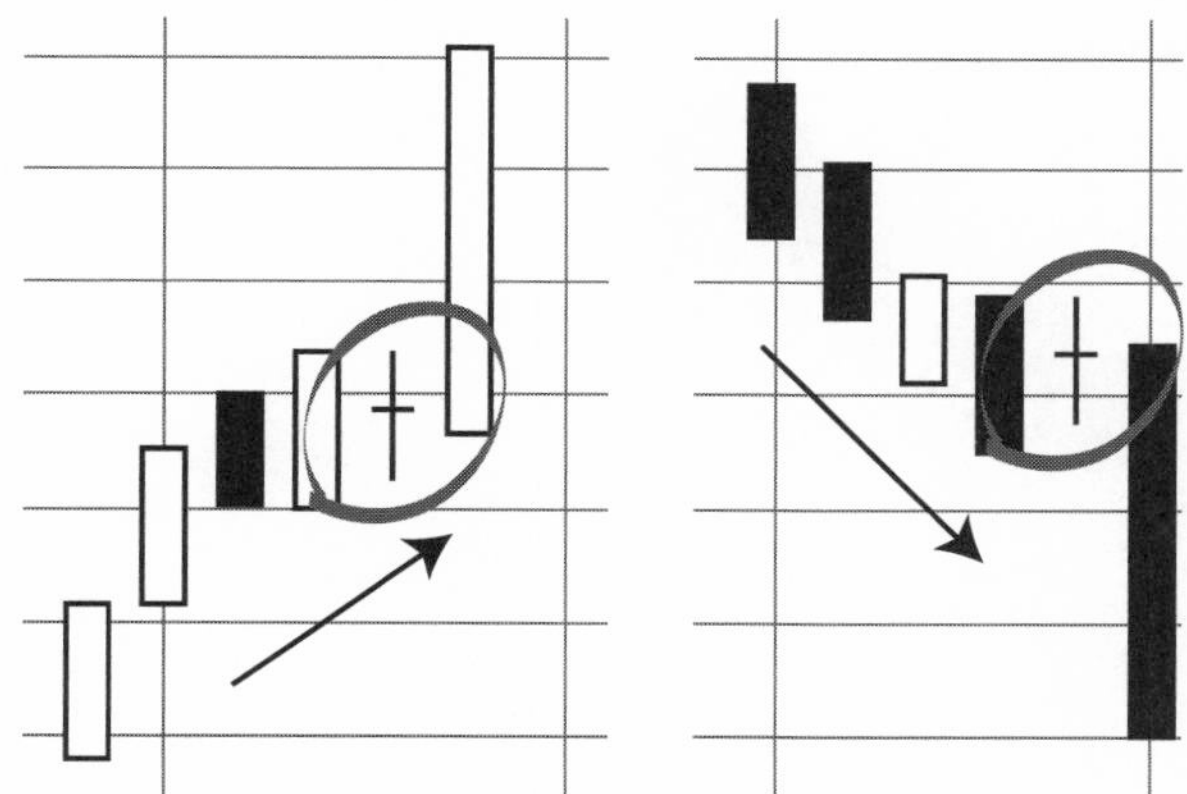

迷いの線だが、売り買いのバランスが拮抗しているので、その後の株価の変化が大きくなる。

POINT

■同事線そのものが迷い現象であり、次のローソク足がポイントになる。
■「陽線→同事線→大陽線」なら株価は上昇。
■「陰線→同事線→大陰線」なら株価は下落。

急変を暗示する「窓明け」に注目する

株価が上昇であれ下落であれ、売買の力関係が一方向に傾きすぎると、「売り気配」「買い気配」の連続性が失われて、いきなり放れた価格からスタートすることがある。これが「窓明け」である。

上昇・下落双方とも、この窓を素早く発見し、買いを仕掛ける、売りを仕掛けるという行動が必要になってくる。

株価がある方向に向いたとき、投資家が競ってその方向での投資を行うため、株価は急上昇、あるいは急落するのだ。ただ窓明けの後には、ほぼ同じように「窓埋め」という反対方向への株価の動きを表したローソク足が出てくる傾向がある。

これも、株価の動きの予測には大切なことだ。素早く行動しなければならない。

急上昇したときにはその窓明けの直後に購入し、天井を見計らって売りに出る。下落のときには窓明けして下落した直後に売りを仕掛け、ある幅を取った段階で買い戻すのである。

「窓明け」には素早い対応を

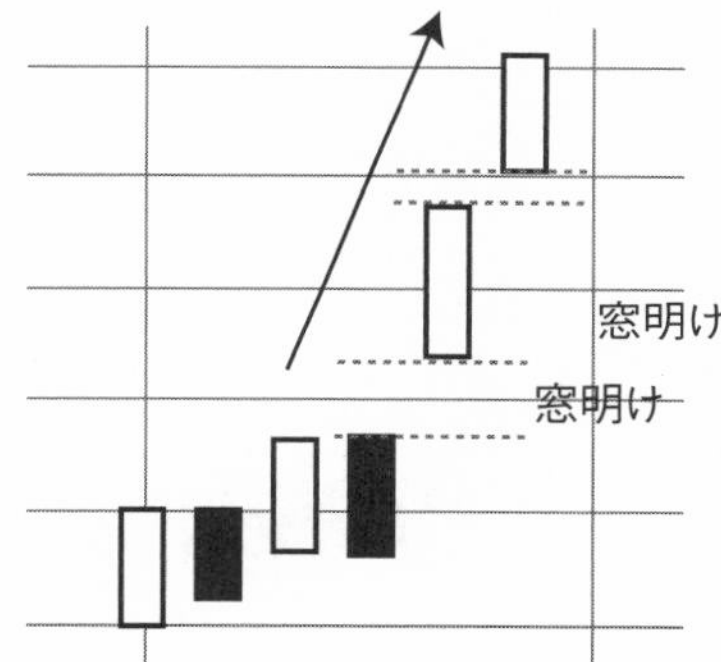

ローソク足が
上に放れたら

株価の勢いが明確になっている

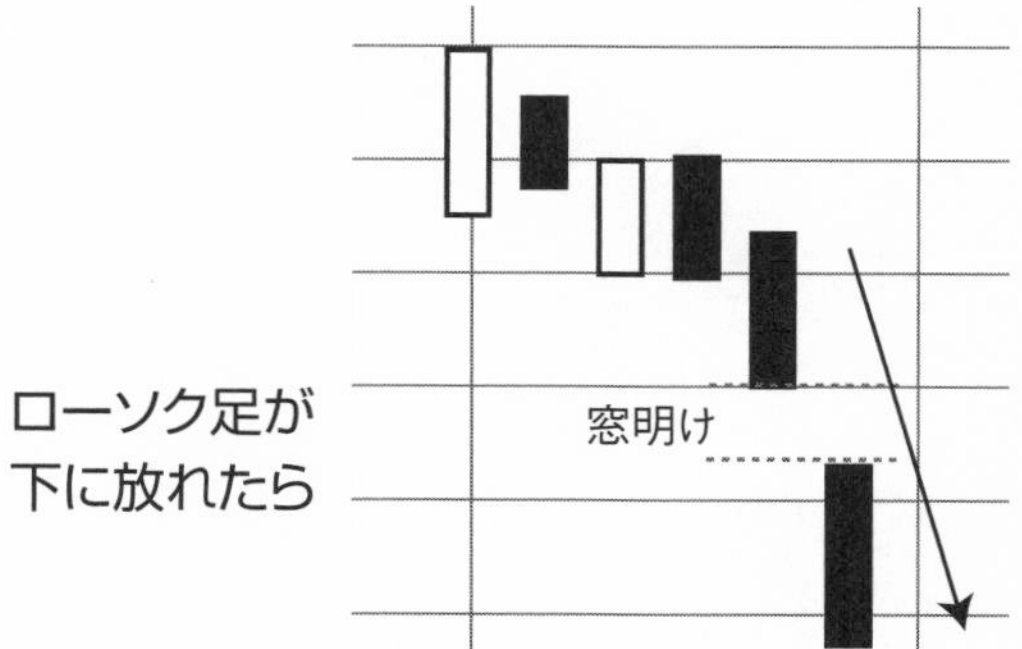

ローソク足が
下に放れたら

POINT

■陽線と陽線の間に「窓明け」ができると急上昇を暗示する。
■陰線と陰線の間に「窓明け」ができると急落を暗示する。

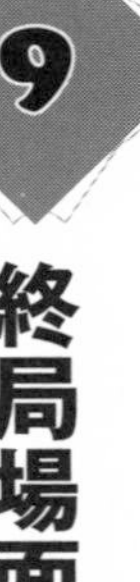

終局場面での「ヒゲ」に注目する

◆上げの終局の「上ヒゲ」は下げになる

買い意欲が非常に強くどんどん上値を更新していても、株価には青天井ということはあり得ない。おのずと上値には限界がある。そこに多く出てくるのが「上ヒゲ」である。上値限界のシグナルだ。

上ヒゲが出た後ですぐに陰線が出て、窓を明けて長い陰線が出る。これはあまりにも典型的な例だが、非常に多く見られるローソク足だ。

「上値が重くなったら売る」という投資家心理がこのようなローソク足を見せるのだ。その意味では、株価のリズムはわかりやすいので機械的に行動することが大切でもある。

上ヒゲの後ではすぐに利益確定しなければならない。高く買った場合には、素早く損切りするというシグナルだから、そのポイントを外さないようにしなければならない。また、信用なら素早く売り建てをしなければならない。

このように上値での上ヒゲは、利益確定、損切り、売り建てという3つの投資パターンへ

上げの終局に出た「上ヒゲ」

「上値が重くなったら売る」

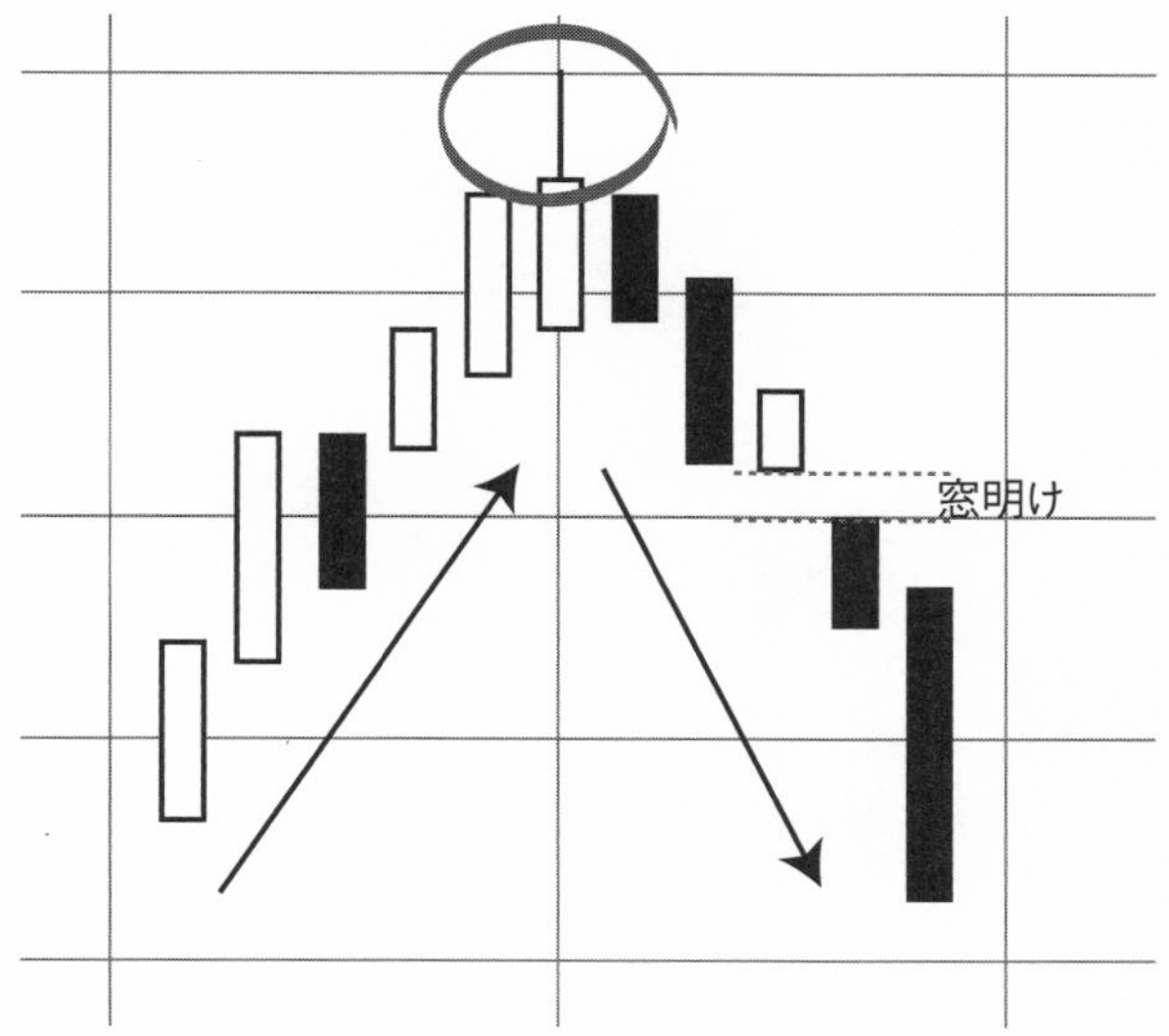

「上げ→下げ」転換点

POINT

■上値圏で上ヒゲが出たら、そろそろ上値限界と認識しよう。
■上ヒゲの後には、すぐに利益確定、あるいは損切りの行動をとるようにする。

の対応ができる大切なシグナルなので、それを見逃さないようにすることが必要だ。

◆下げの終局の「下ヒゲ」は上げになる

下ヒゲは上ヒゲの逆と考えれば良い。株価が下げ売り叩かれて、「どうしよう」と思っているところに、ＰＥＲや業績面で値ごろ感が出てきて、下値でも買いが入る。押しの限界である。そうなると次は上げしかない。下値限界の上げシグナルである。

長い下げであれ、急落の後であれ、下ヒゲが出た段階では、高い確率で株価は反転、上昇、ないしは持ち合いに転じる。そのタイミングを「買い」「買い戻し」のタイミングと見る必要があるのだ。

セーリングクライマックスでは大きな陰線になるときがあるが、それに匹敵するのが下ヒゲだ。「下値はないよ」というシグナルである。そのチャンスは、売り建てていた人にとっては買い戻しであり、買いのチャンスを狙っている人にとっては新たに購入するタイミングとなる。

できるだけ安く仕込むには、「弱気支配」の底値でどれだけ果敢な行動ができるかがポイントになる。

下げの終局に出た「下ヒゲ」

「下値はないよ」

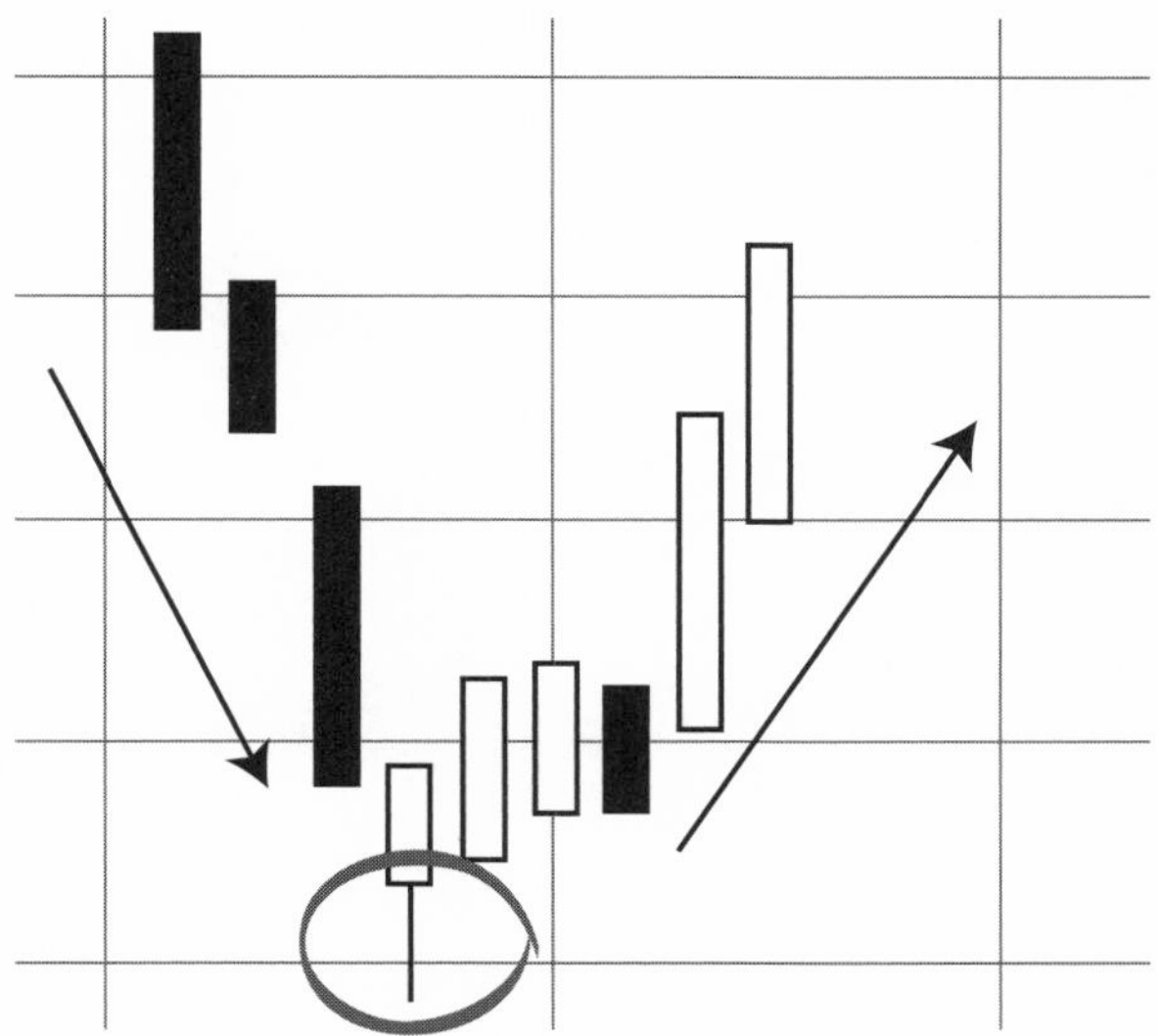

「下げ→上げ」転換点

■下値圏で下ヒゲが出れば、高い確率で株価は反転、上昇、ないしは持ち合いに転じる。
■利幅を大きく取るには、「弱気支配」の底値でどれだけ果敢な行動ができるかがポイント。

下値からの株価の戻しを示すシグナル

中級

ここでは4つの下値のシグナルを挙げている。いずれも株価の戻しを示し、買いのタイミングとなっている。

①②③　下ヒゲが1本のものでも2本のものでも、株価が急落してきた後にそのシグナルが出たときは、株価が陽転し反発していくケースが多い。株式投資は確率での勝負だから、確率が60％、70％あるならば、そちらにリスクをとって買いを入れることが勝利の鉄則だ。そこで、デイトレにおける瞬間的な相場の変動に対応するには、このような下ヒゲのシグナルを的確に捉えて勝負をしていくことが大切だ。

④　下値近辺で放れた陽線が出たときは、「明けの明星」とも言うが、株価がいきなり下に放れたが、それでも陽線である場合は売りの終わりであり、強烈な下値買いの力関係がわかるので、そこを買っていくことにより利益を得るチャンスが生まれるのだ。

株式投資はいかに安いところを買うかによって、次の反発の場面で大きな利益を確定できるので、そのチャンスをしっかり狙っていくことが必要だ。

下値に現れた強烈な上げシグナル

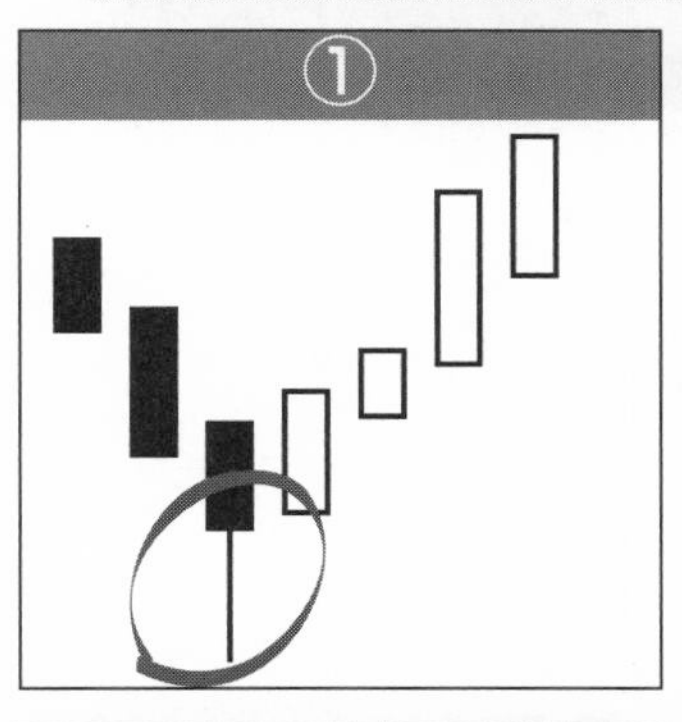

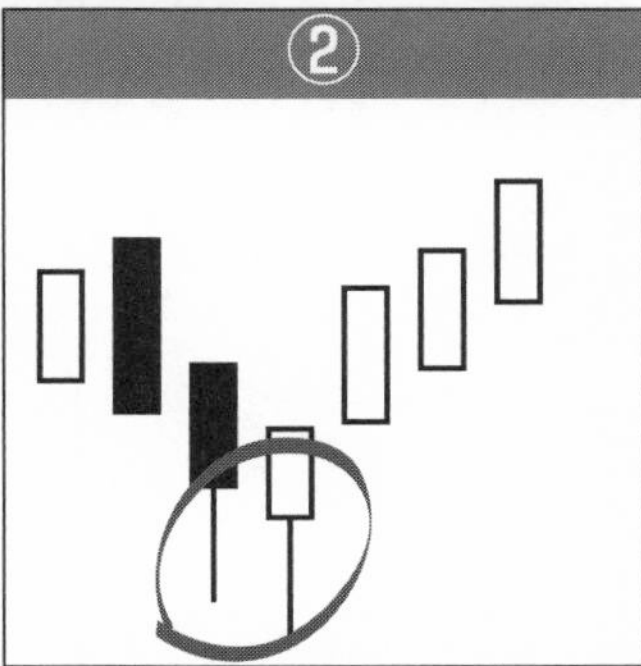

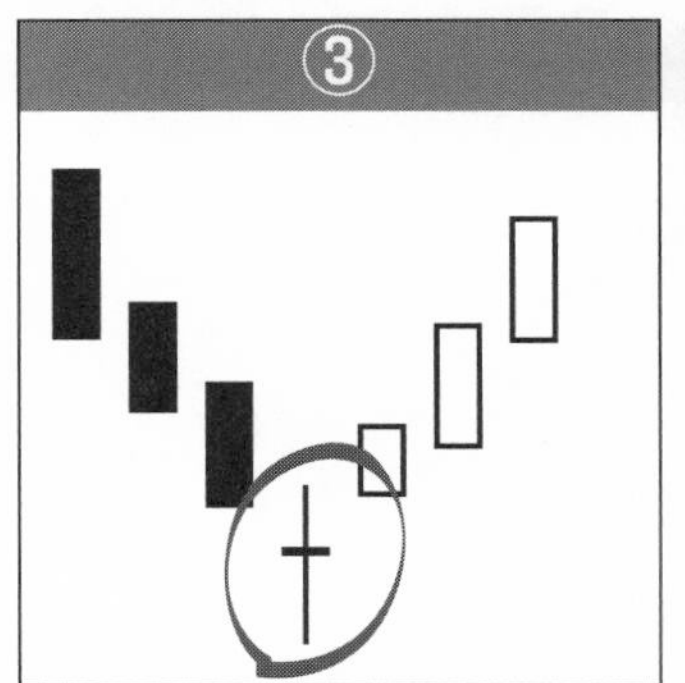

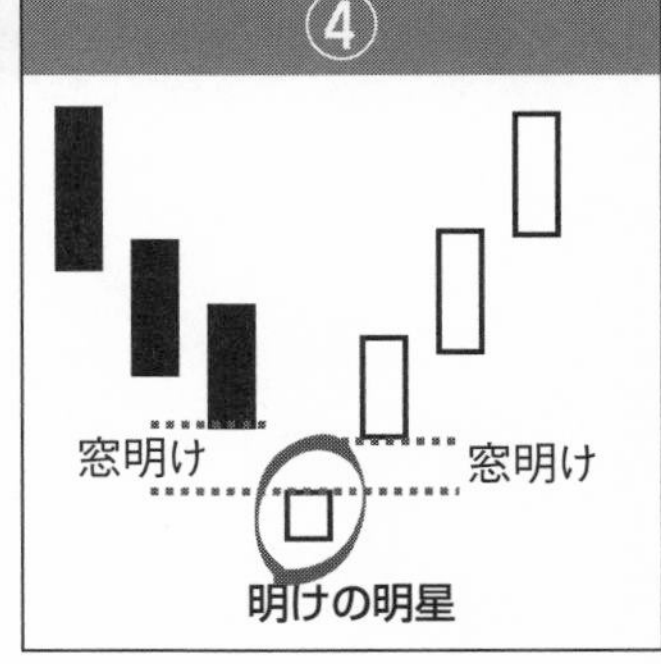

POINT

①下ヒゲをつけた後での反発
②ダブルの下ヒゲは強い反発
③下値での同事線は底の典型
④下放れの足からの反発は強い(明けの明星)

下値からの反転を示すシグナル

これもやはり下値からの上げシグナルでヒゲの特徴以外のものを挙げてみた。

①　陰線が続いた後で最後の陰線の真ん中に陽線が包まれると、それを「包み線」と言って、株価の売買の力関係が変わってきたことを示す。売りが途絶え買いが増えてくると、わずかながらも陽線が出て陰線を打ち消す形になる。

②　陰線の後で陽線が同じ大きさで並んだ場合は、「毛抜き線」と言って陰線を打ち消す形で買いが入ってきたことを示す。これは買いの始まりであり、売りの終わりを示す。

③　陰線が続いた後に反転して、小さな陽線が3つ出るのを「三兵」と言っている。この3つの陽線を見た後で買いを入れることにより、利益の幅を大きくできる。

④　陽線が続いた後に、それを否定する小さい陰線が2～3本出るが、それを打ち消す形で陽線が出た場合、株価は底値圏であれ、中段であれ、反発していくことが予測される。これを「押さえ込み線」と言っているが、下げを押さえ、あえて上がっていく売買の力関係がここに明確に出ているのだ。

中級

下値に現れた上げシグナル

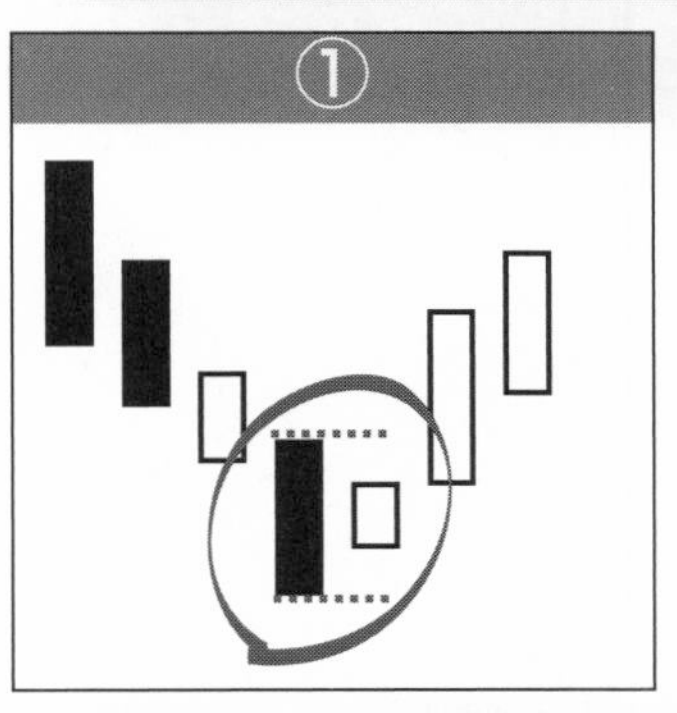

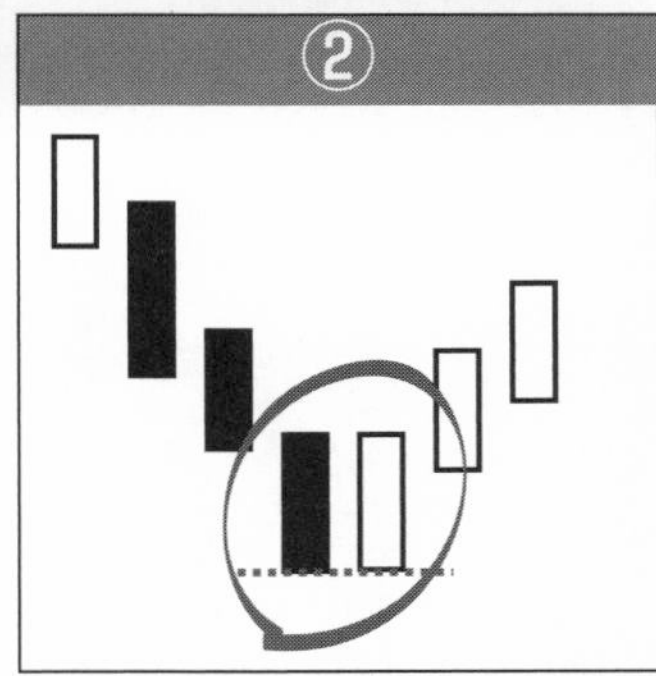

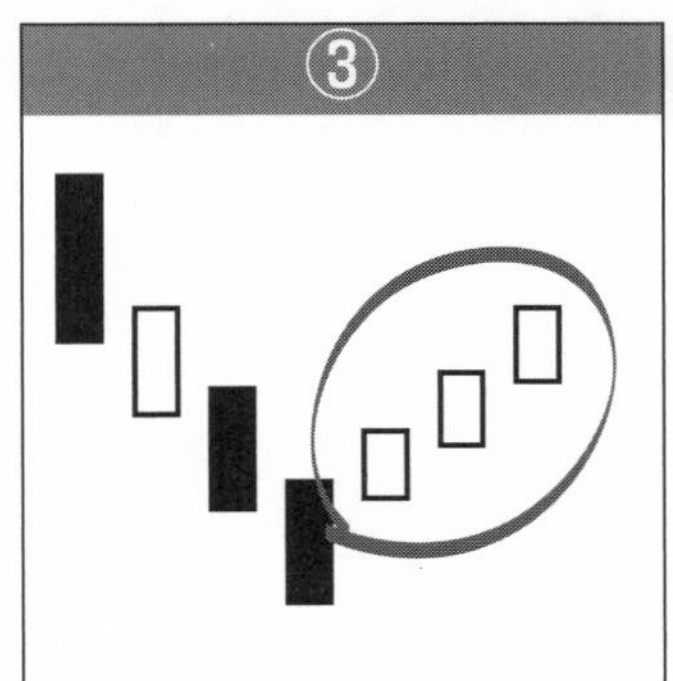

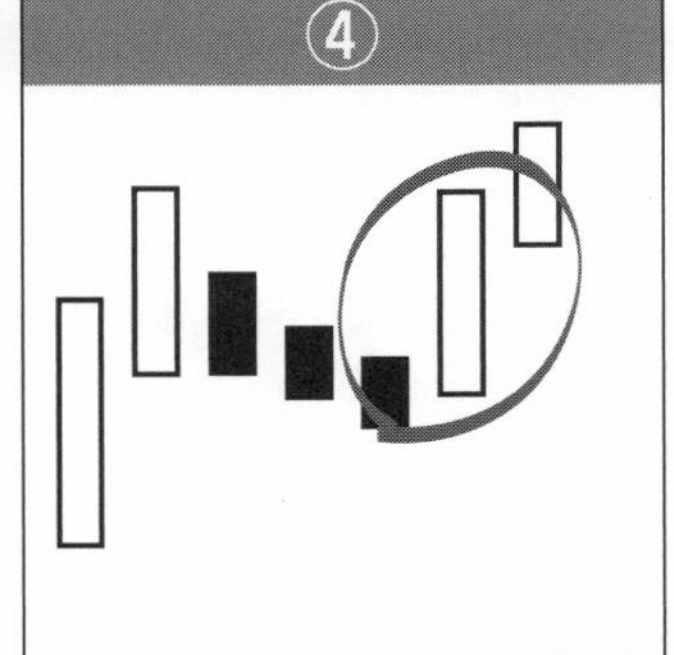

POINT

①包み線---陰線が続いた後で最後の陰線に陽線が包まれる場合
②毛抜き線---陰線の後で陽線が同じ大きさで並んだ場合
③三兵--陰線が続いた後に反転して小さな陽線が3つ出る場合
④押さえ込み線---陽線が続いた後にそれを否定する小さい陰線が2～3本出るが、それを打ち消す形で陽線が出た場合

下落傾向から勢いのある上げシグナル

株価が下値から勢いをつけて上昇に転じるシグナルである。

① 下落の後に強烈な買いが入り、株が飛んでいった様子を窓明けでローソク足が表している。上げ傾向が明らかだ。

② 3本の陰線の後で一度は下に窓を明け、下がってさらに下値があるかと思いきや反転して陽線になる。これはすでにその株価が底値であり、買い上がっている状況を示す。

③ 陰線の後の陽線は「切り込み線」と言って、陰線を打ち消すような形で、陽線が下から上に突き上げてくる。このシグナルが出ると、次は株価が上がっていくことになるので、素早くこの動きを察知していかなければならない。

④ 陰線4本の後の大きな陽線は「包み線」と言って、底値圏に出ると売りの終わり、強烈な買いの始まりがあることを示す。今までの陰線を打ち消し、これからは上げだというようなシグナルを明確に出しているので、このシグナルを見たら、すかさず買いを入れるほうが賢明だ。

中級

下落傾向からの上げシグナル

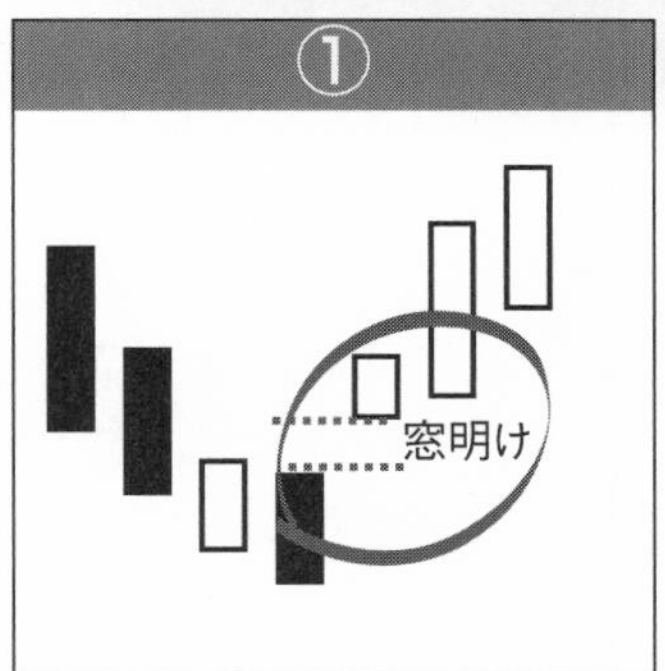

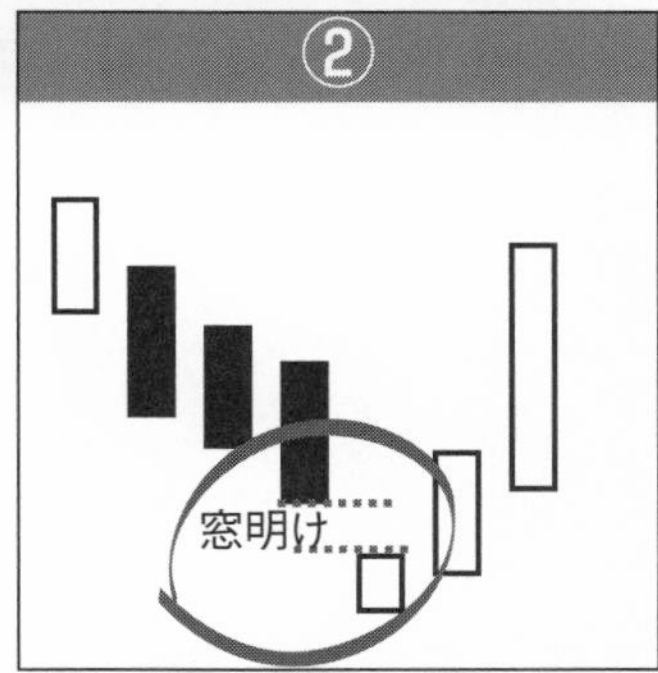

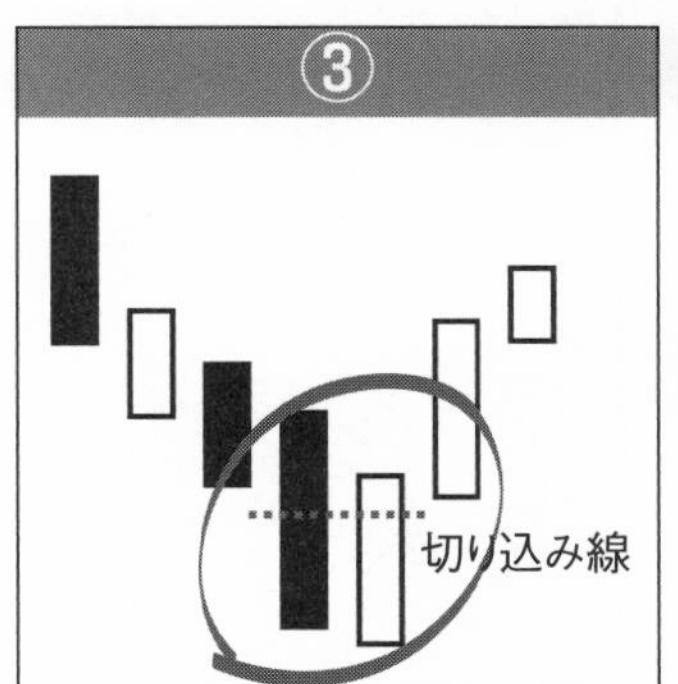

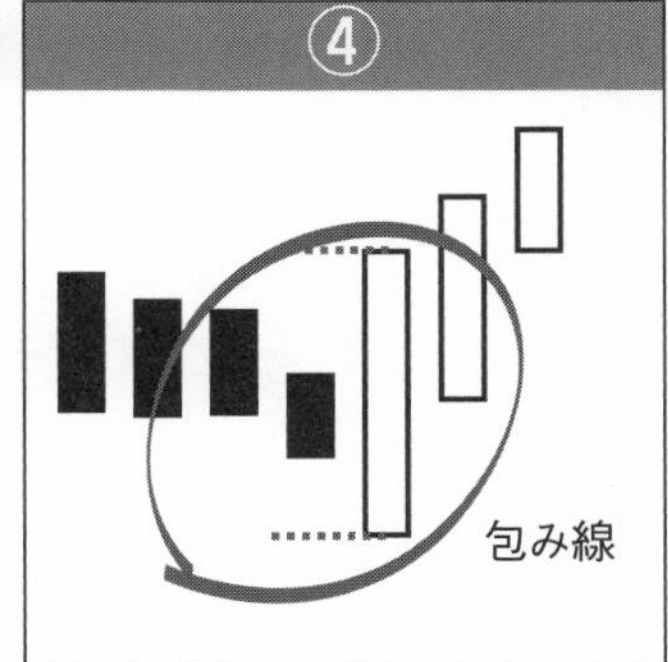

POINT

①底値近辺での突然の窓明け

②陰線続きの後に窓明けの陽線が出る

③下値の陰線の中心線を突き抜ける陽線が出る

④底値圏で直前の陰線を包み込む陽線が出る

下落から上昇に転じる上げシグナル

持ち合い傾向から放れて上昇するシグナルである。

① 十字線が出て、下値で株価が売り買い均衡していることを示す。陰線から株価の均衡したシグナルが出ると、そこはもうこれ以上は下がらないという意味になる。その後に陽線が出れば、明らかに反転上昇だ。

② 陰線の後、底値で株価が上がったり下がったりを繰り返した場合には、次の陽線が買いのシグナルになる。下値での株価の売り買いに限度があり、売りが途切れて買いに転じる状況を、ここで察知するのだ。

③ 3つの陰線の後にできた陽線は、これも反発を示すものであり、陰線の終わりで陽線の始まりを示している。

④ ダラダラとした陰線の次に大きな陽線ができた場合には、これはもう売りが途切れて買いが強くなったことを示す。

いずれのシグナルも、下落から上昇へ転ずる大切なポイントになる。

「下値持ち合い」からの上げシグナル

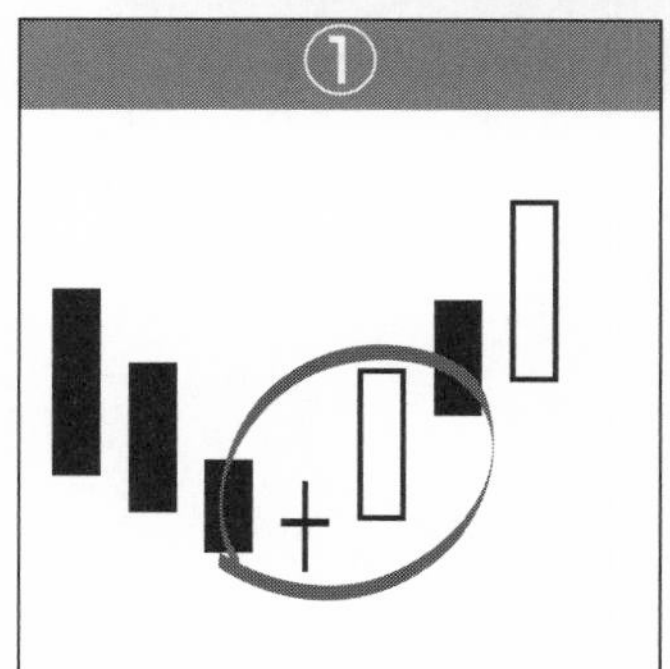

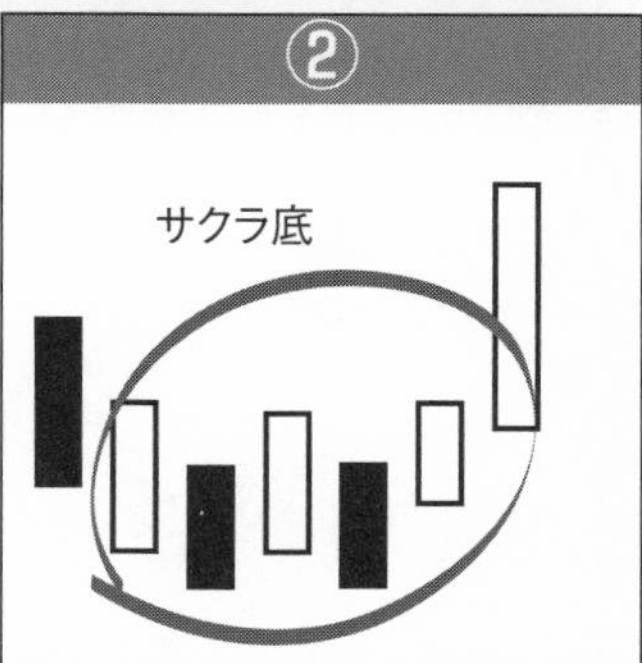

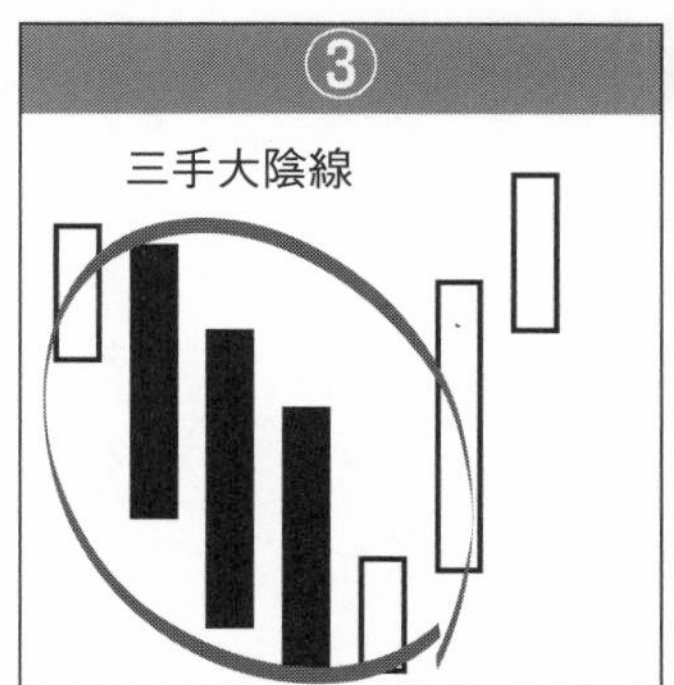

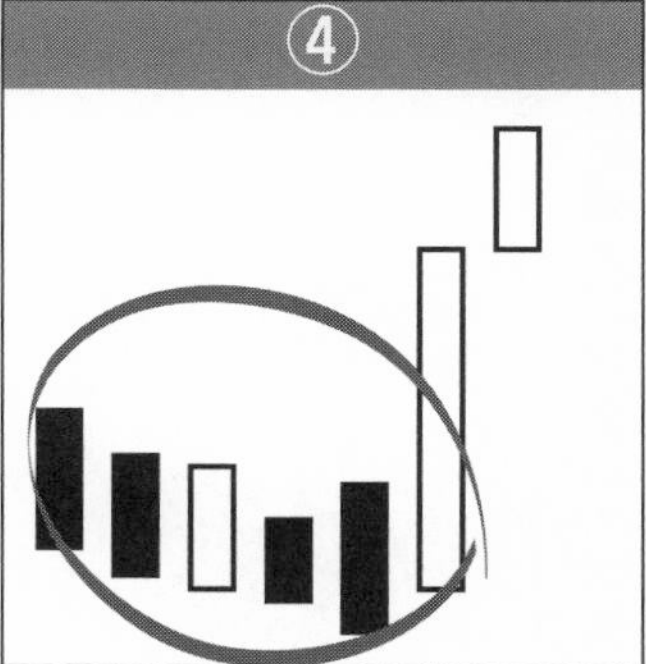

POINT

①下値での十字線
②下値の持ち合いからの上げはサクラ底
③三手大陰線から陽線が続いたら買い
④下値圏で大陽線が出たら買い

中段に出やすい上げシグナル

中段からの上昇のサインを知っておくとさらに幅が取れる。

①「三角持ち合い」の形で上下の振幅が次第に小さくなり、その先端で陽線が出て持ち合い放れになると、売り買い拮抗から買い優勢になったことを示すので、これは重要な買いのシグナルだ。

②次第に株価が下がりつつあっても、その下に大きな陽線が出ると、株価が陽転した、すなわち上昇傾向になったことを示すので、このポイントも買いを入れる必要がある。

③上げ過程で、陰線が1本出たときだが、陽線2つの後の小さい陰線は「差し込み線」と言って、次に陽線が見えた段階で買いを入れる必要がある。株価が上がってくると、利益確定をしようという人が増えてくるので一度は押すが、その上昇トレンドが変わってない場合には、その陰線を打ち消すように上がっていく。

④中段で陽線が並んだ後で1回陰線が出るが、その陰線を打消すように株価が上がっていくと、これまた利益確定をこなして株価が上がっていく様を示す。

株価中段からの上げシグナル

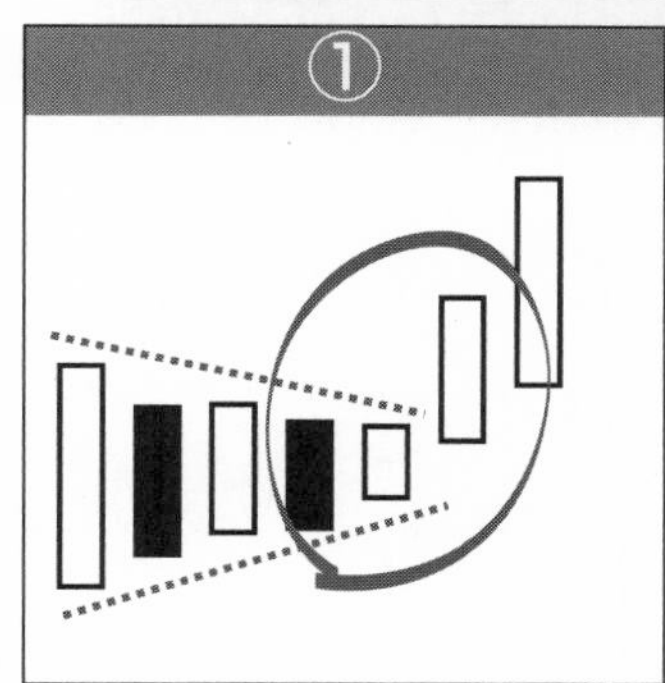

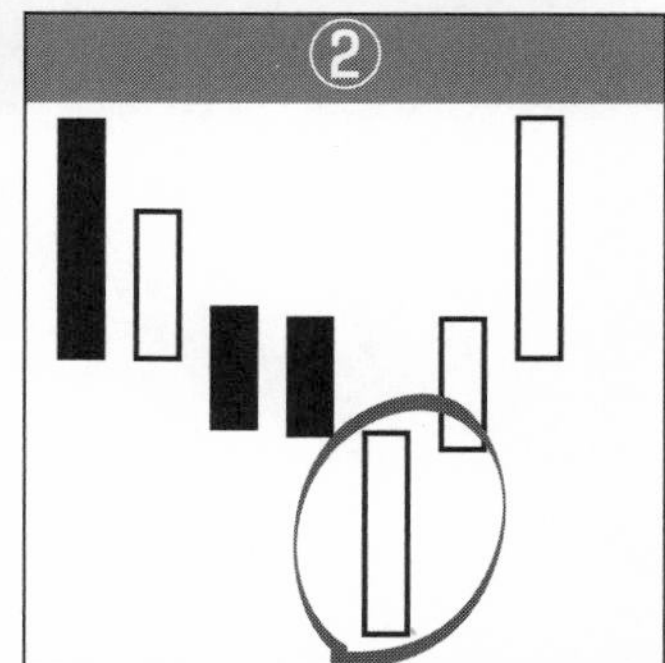

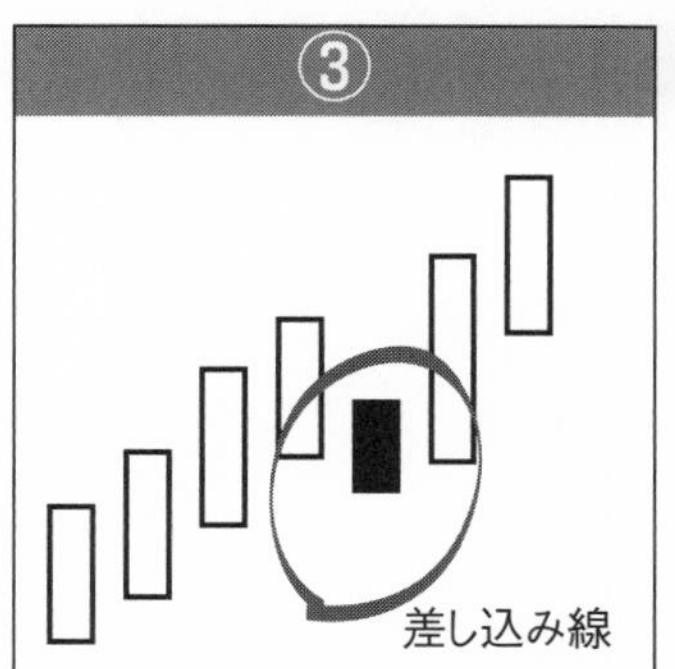

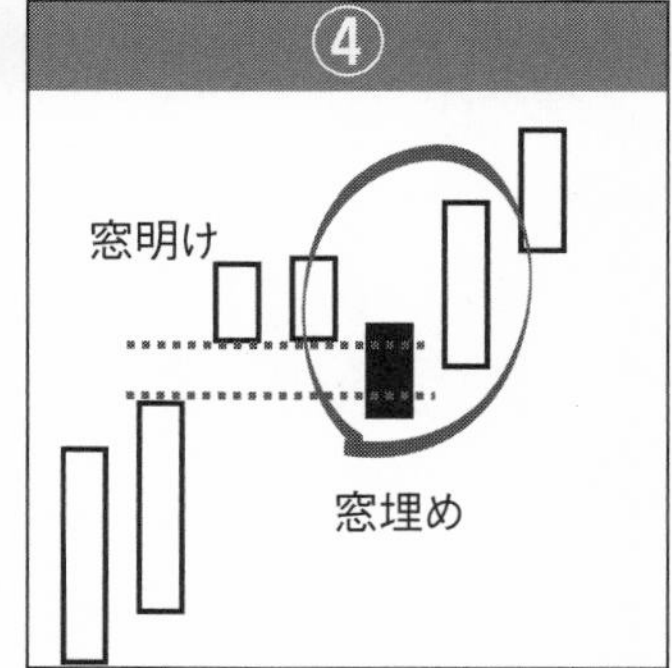

POINT

①下値で株価の振幅が小さくなると上げになる
②株価が落ちてきて突然の下からの陽線が出ると跳ねやすい
③上げの途中での一時的な下げは差し込み線の出現で上げになる
④大幅な上げで窓ができ、その窓を埋める下げが終わると上げやすい

＜法則＞ 6

「持ち合い放れ」の上げシグナル

中段、上段での「持ち合い放れ」のサインである。

① 陽線が続きある位置に行ったにもかかわらず、そこで持ち合い状態になる。小さな陰線や陽線が続き、その後で大きな陽線が出て上に向かうと、持ち合いを放れて、売りよりも買いが強くなったことを示すので、これは上げのシグナルになる。

② 陽線の後で黒い陰線と白い陽線が何回か続き、その後徐々に陽線が出てくると、買い優勢となったことを示すので、これも株価上昇のシグナルだ。

③ ダラダラとした陰線と陽線の交代が続き、こう着状態の後でいきなり大陽線が出てくると、明らかに持ち合い放れとなり、売りが途切れて買い優勢となってくる。

④ 長い陽線が出た後で小さな陰線が出るが、それを打ち消すように陽線が出た場合は、短い持ち合いを抜けたことを示し、さらに上昇していく株価の人気度を示すので、これも買いのタイミングと見なければならない。

このように、上げのタイミングはいくらでもあるから、逃さないようにする。

中級

「持ち合い抜け」の上げシグナル

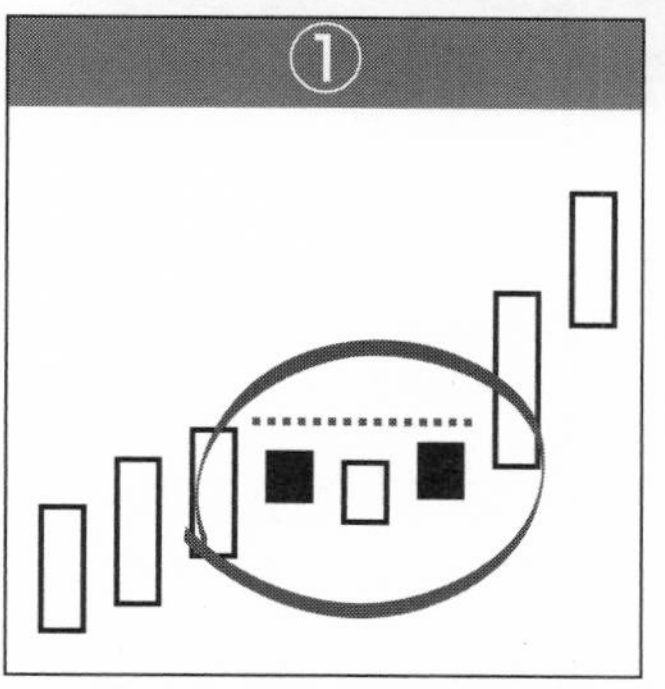

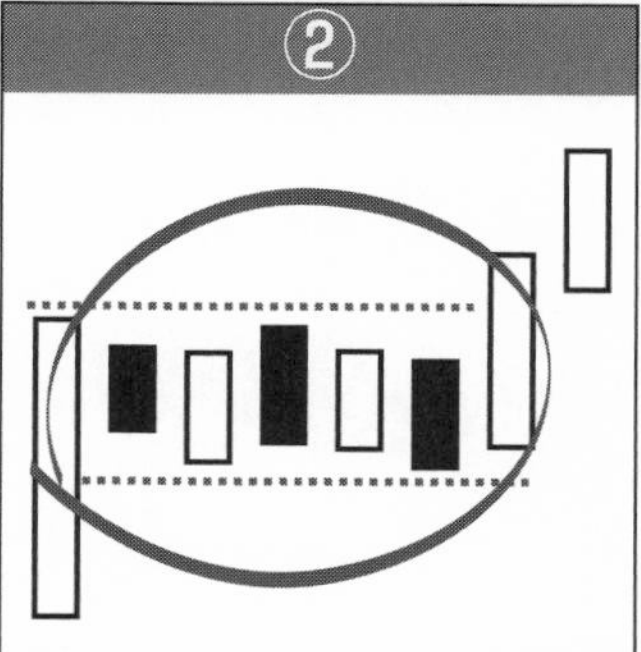

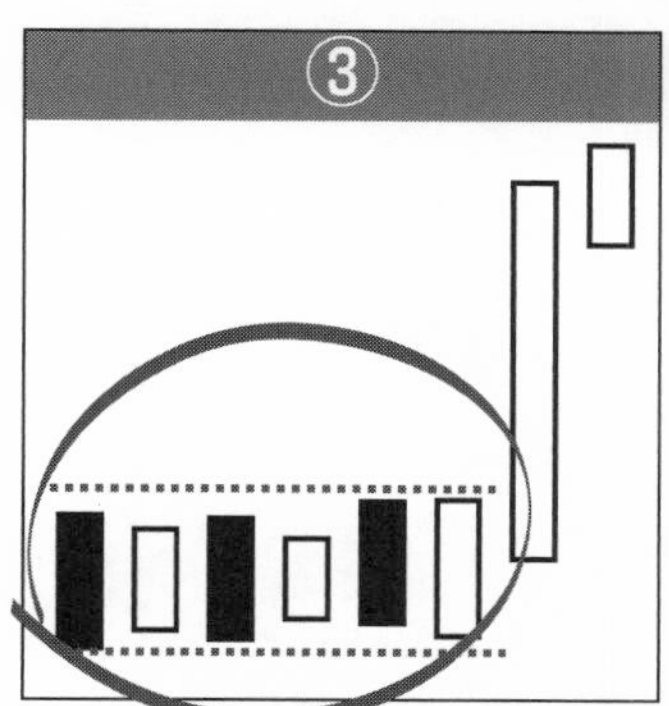

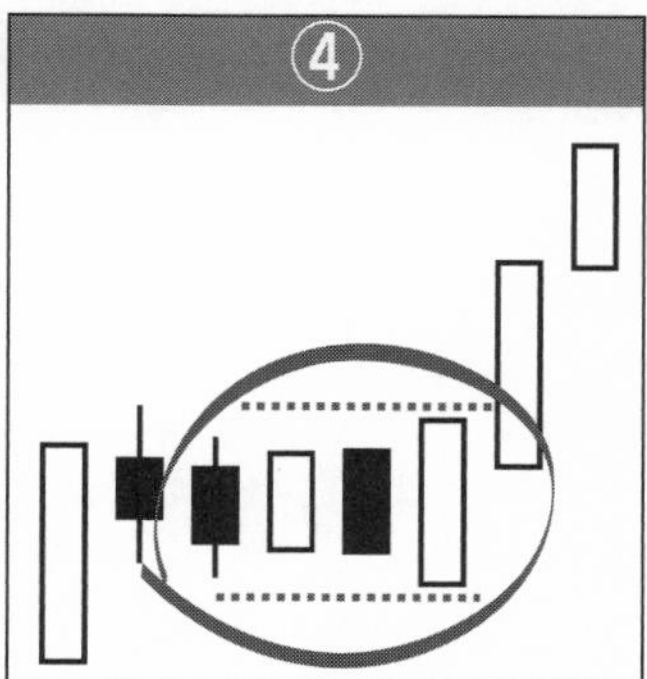

POINT

①上げ途中での一服から小さなローソク足が3本続くと上げ
②急騰後の長い持ち合いの後は上げやすい
③長く続いた持ち合いから上げ気味になると上げやすい
④出来高を伴った長いローソク足の後の持ち合い放れは上げやすい

天井からの下落を示すシグナル

利益確定のタイミングを間違わないための上値のシグナルである。

① 株価の上値で上ヒゲが出て、その後に急激な陰線が出ている。この陰線が天井を確認するローソク足になるので、この時点で利益確定、売り逃げ、さらには信用の売り建てを行う。

② 2本の上ヒゲが出ているので、この2本の上ヒゲが出た段階で上値の限界を知らなければならない。1本ならば、必ずしも天井ばかりではないかもという不安、迷いが出てもおかしくはないのだ。しかし、2本だから、きわめて強烈な上値の圧迫だ。

③ 天井での持ち合いの中で、団子状態に陰線、陽線が続いているが、その後で急落した陰線は明らかに下げのきっかけになるので、見逃さないようにする。

④ 上ヒゲが上に放れて出て、その後に株価が急落している。これは「宵の明星」とも言われており、株価下落のシグナルだから忘れてはいけない。

中級

天井からの下げシグナル

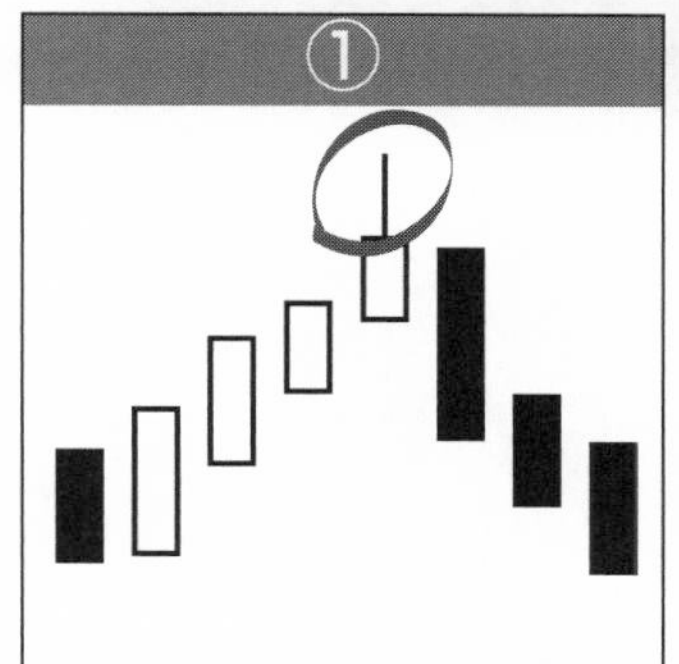

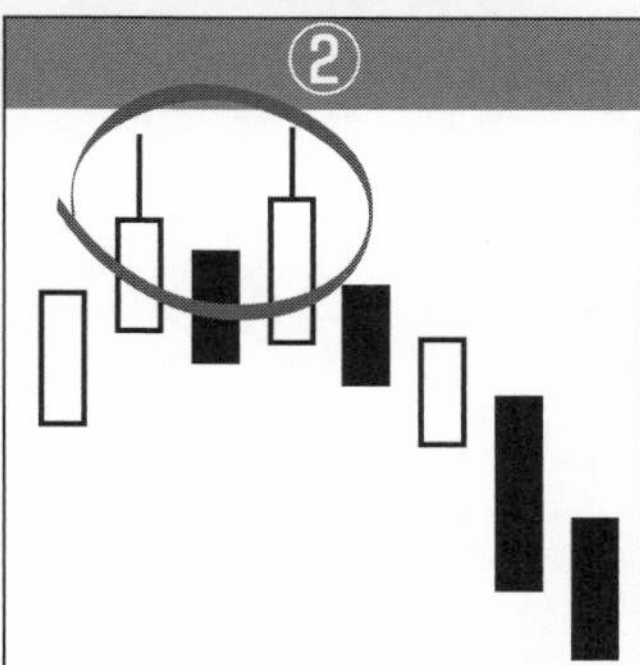

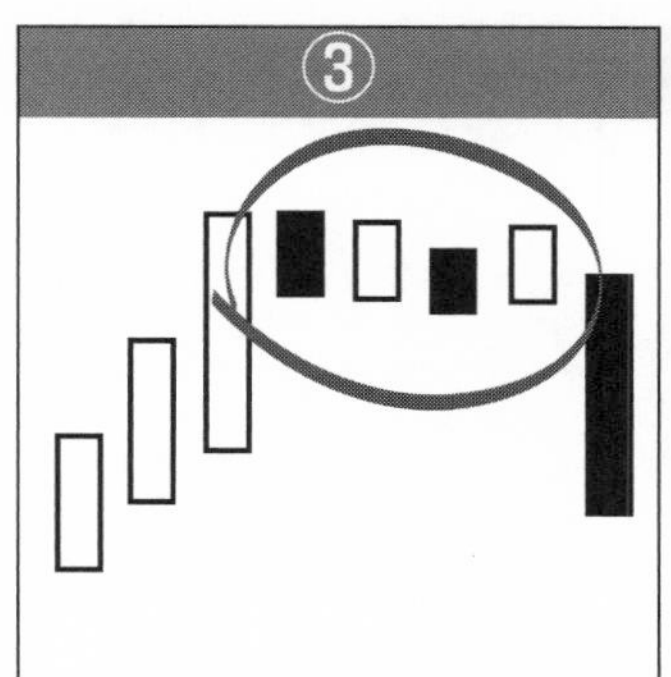

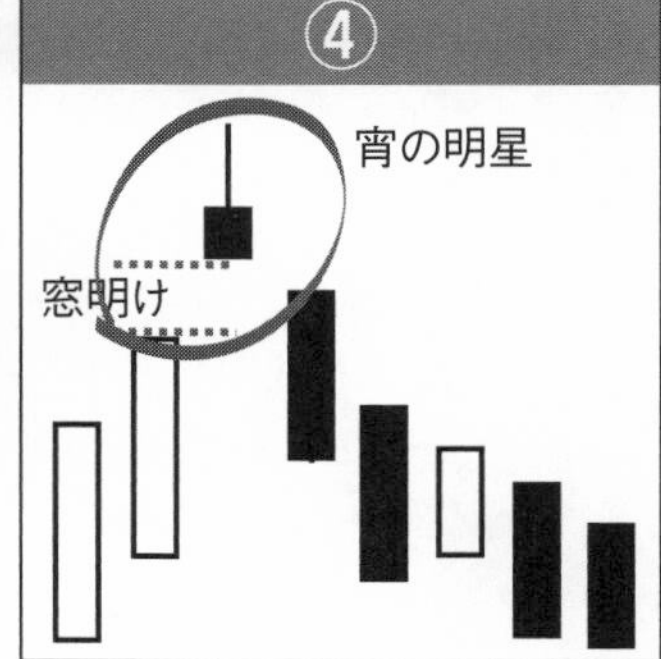

POINT

①上値圏での上ヒゲは売りシグナルの基本
②上ヒゲが複数本も出ればダメ押しの下げ
③「団子天井」と言われるローソク足は急落のシグナル
④上に放れて陰線が出れば急落しやすい

急落の下げシグナル

上値をつけた後の急落のシグナルである。

① 陽線が3本出た後に上値が重くなり、小さな陰線が続いて天井を付けるシグナルだ。陽線が続いた後には必ず持ち合いがあり、天井を付けることがあるので注意しなければならない。

② 陽線の後に、陰のコマや十字線が出て若干揉み合った後、陽線の次に小さな陰線ができると、これを「はらみ線」と言い株価急落のシグナルになるので、注意しなければならない。

③ 陽線が続き3つの窓を明けた後の下落だ。「窓明け後には窓埋め」という株価の習性があるので、窓明けの後の下落局面に、しっかりと利益確定を行わなければならない。

④ 陽線が続いた後、十字線が出る。十字線は上昇下落の綱引きであり、上値にこのシグナルが出た後は、株価が下げやすい。上げすぎの反動安は、つねに心に入れておかなければならないのだ。

中級

急落の下げシグナル

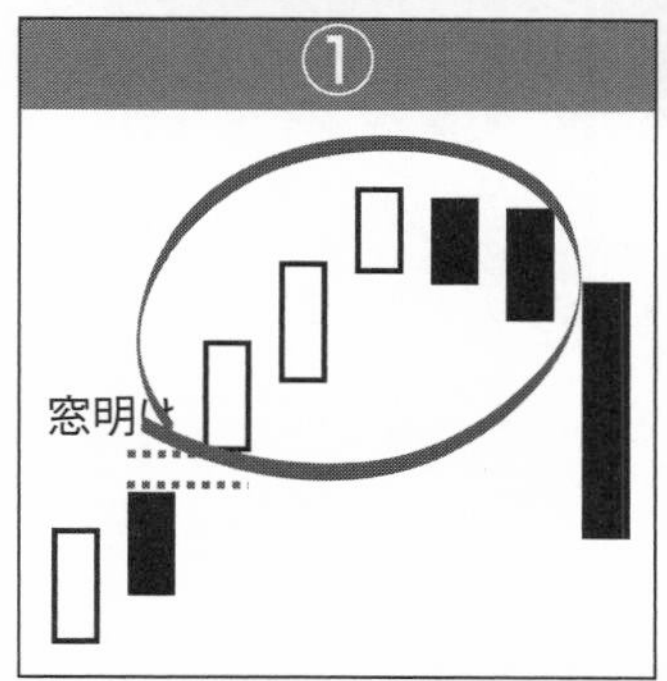

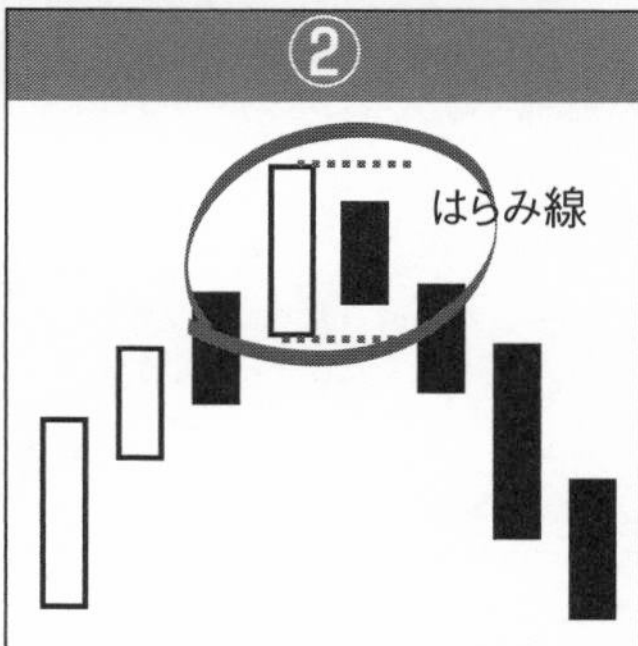

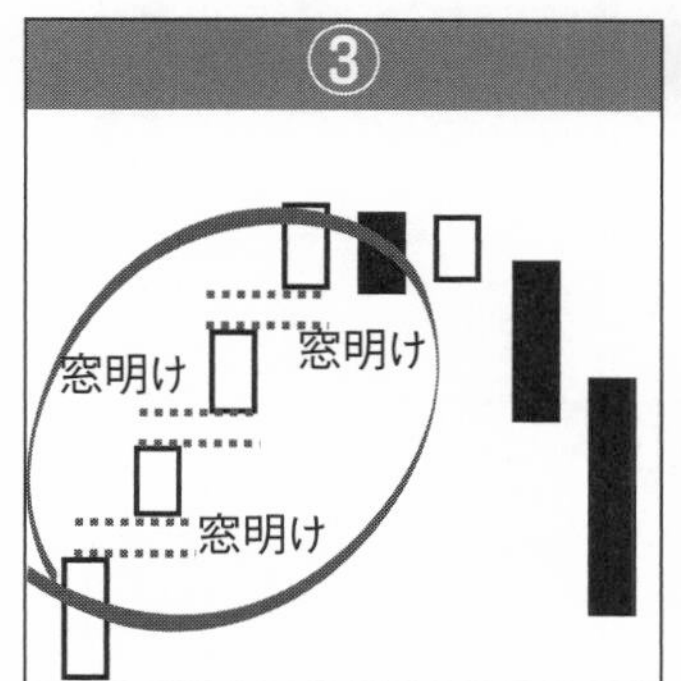

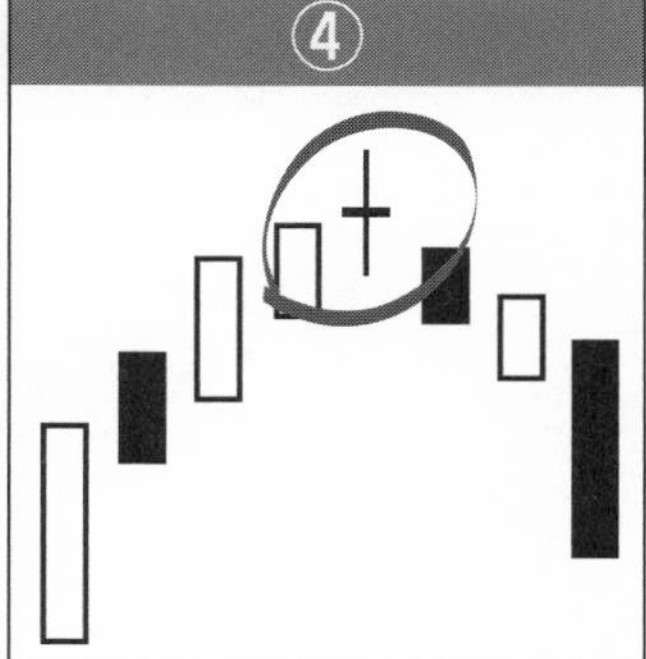

POINT

①窓明け上昇後の3本陽線は上値限界になりやすい
②天井付近での「はらみ線」は売りシグナル
③3つの窓明け後は急落しやすい
④上値圏での十字線は下げシグナル

陽線と陰線の組み合わせからの下げシグナル

中級

様々なローソク足の組み合わせが株価の方向性を表す。

① 陽線が続いた後に陰線が2つ続く。これを「つたい線」と言っている。一度は陽線が出て上がるが、やはり下落傾向は変わらず、株価は大きな陰線をつけて急落していく。

② 上値から急落してきた株価が、窓を明けながら下げていく。しかしその後で、それを「打ち返す陽線」が出るが、結果的には下落傾向は変わらず、その後に株が下げていく状況を表している。

③ 途中で陽線が出るにもかかわらず、その陽線を打ち消すように陰線が続くので、「差し込み線」と言われ、売りの追撃をあびる可能性が大きくなる。

④ 陰線の後に小さな陽線ができて株価が戻すが、それを打ち消すように大陰線が出て、株価は下落していく。そしてさらに、2番目の陰線の後に陽線をはらむと、これはさらに明確な下落のシグナルとなるのだ。

陽線と陰線の組み合わせに見る下げシグナル

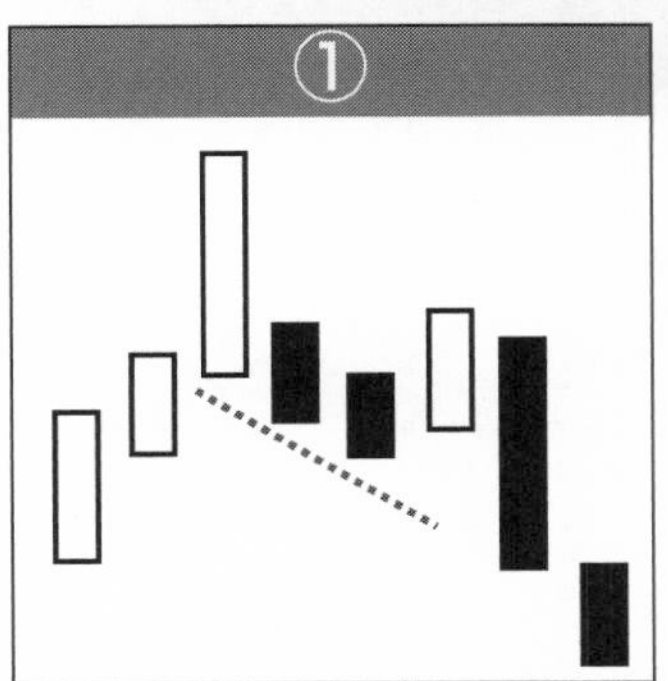

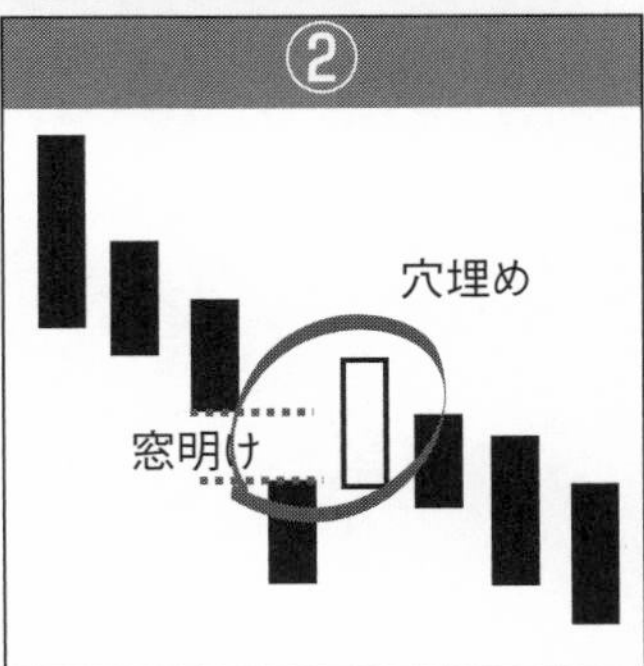

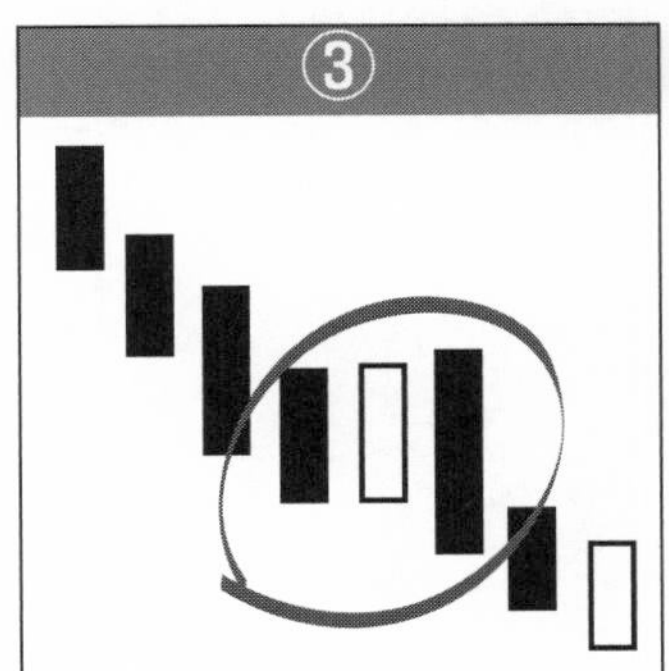

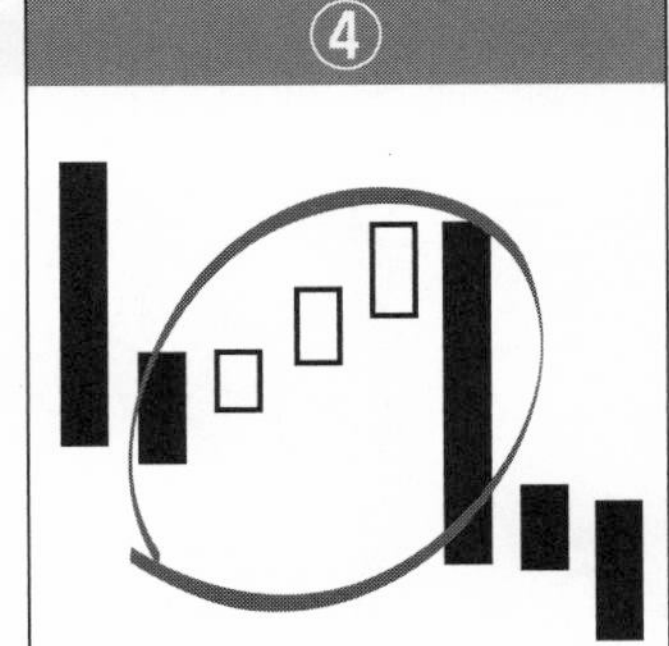

POINT

①「つたい線」の打ち返しは天井を示す
②下降中での穴埋めは売りシグナル
③下降中の戻しは「差し込み線」となり追撃売り
④下降中での3本の「はらみ線」は下げシグナル

騙されやすい下げシグナル

上げるように見えて、実は下げのシグナルになるものがある。

①　陰線を付けて株価が下落していく最中で、反転して上昇する陽線が出たときだ。これは値ごろからの買いが入り上げたが、そのまま上げないで下がるのだ。これは「たすき線」と言われて買いのポイントではない。追撃売りの対象になってしまうからだ。

②　陰線が続いた後、窓を明けて陽線が出る。しかし、全体の傾向は変わるものでなく、いわゆる「化け線」となって下げが加速してしまうことになる。

③　陰線の後で持ち合い状態になるが、ここで反転上昇するのではなく、大きな陰線が出てきたとき、これは再下落のシグナルになることを注意しなければならない。

④　陰線が続いて窓明けをした後で、2つの陰線が出たときだ。これは、より強烈な下げを意味するので、その後さらに株が下落するという傾向性がきわめて強いため、心得ておかなければならない。

中級

騙されやすい下げシグナル

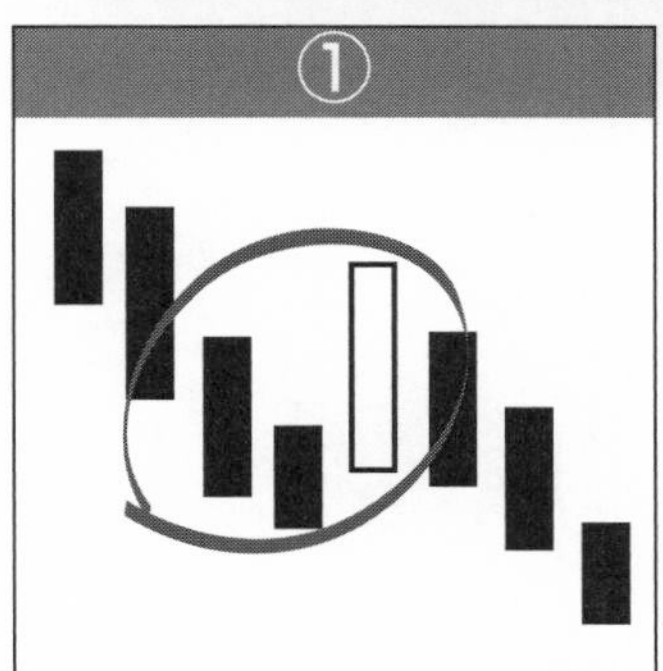

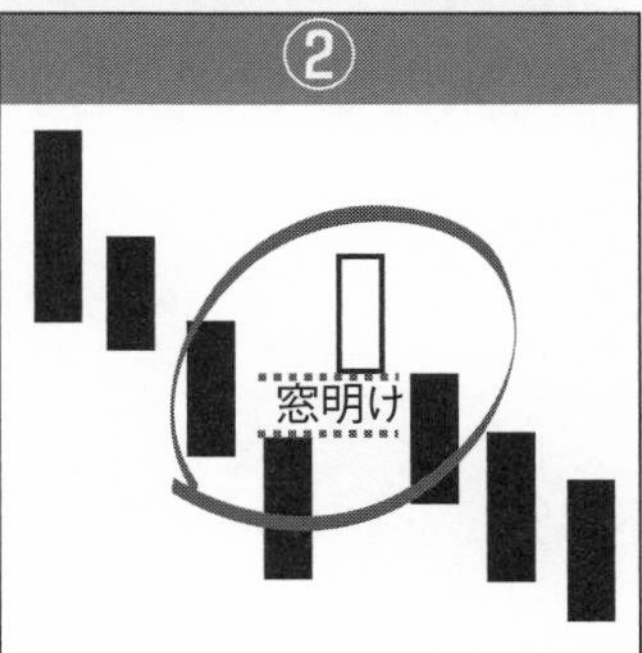

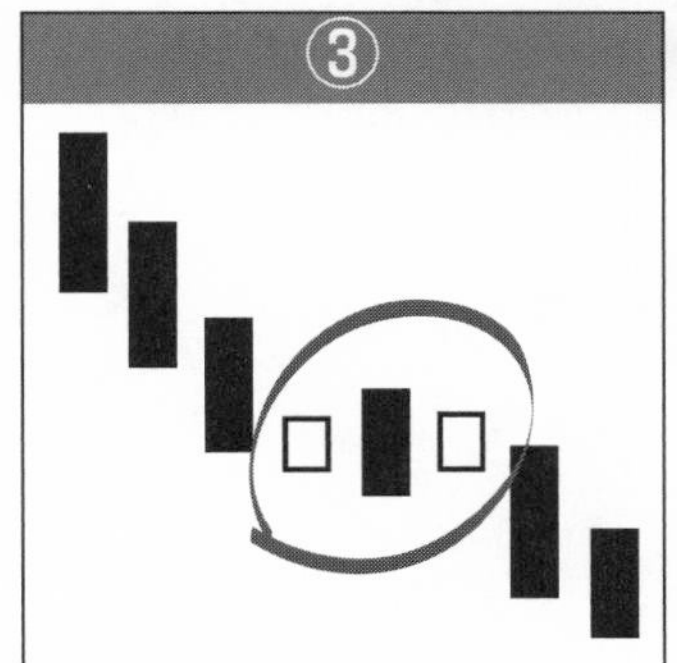

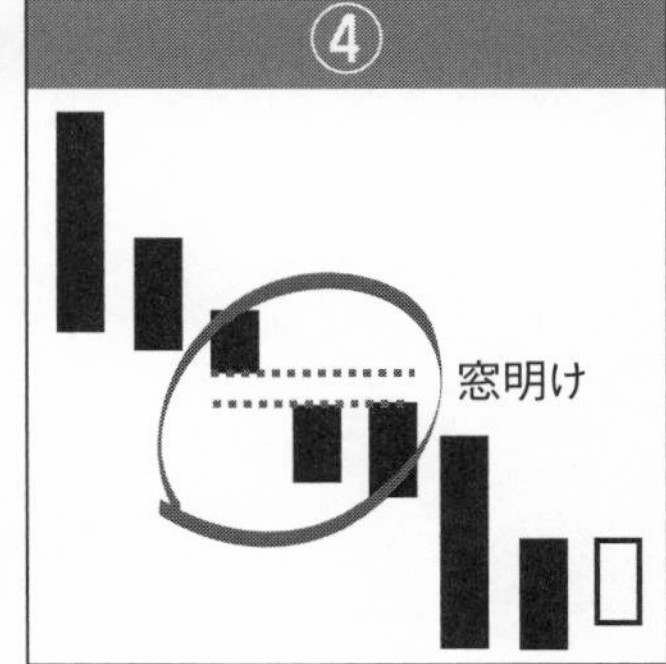

POINT

①下降中での反発の「たすき線」は追撃売り
②下降中での陽線には「化け線」がある
③下降中の「三つ星」は再下落
④下降中の窓明け後、2本陰線が出ると再下落

株価が下げやすい様々なシグナル

そのほかの様々な下げシグナルもいくつか列挙しておこう。

① 株価が上昇した後に何本もの小さな陽線、小さな陰線が続き、その後に株価が急落してきたとき下落のサインとなる。売り逃げ、売り建てを行う必要がある。

② 陽線を大きな陰線が抱いたときだ。陽線から始まるが、その2倍もの大きな陰線が陽線を抱く形で出現した場合、それは今までの上昇を掻き消し、下落に向かうというシグナルになる。

③ 十字線を陰線が包む形だ。これは方向が下落に向かっているというシグナルなので、素早く売り逃げ、売り建てをしなければならない。

④ 天井圏で長い間持ち合いをしていた後、大きな陰線が出た場合だ。これはすでに上値はなく、売りがきわめて強くなったことを示す。

このように、ローソク足の組み合わせで次の瞬間の株価の動きを素早く察知することができる。特に下げ過程においては、そのシグナルに素早い対応をしなければならない。

その他の下げシグナル

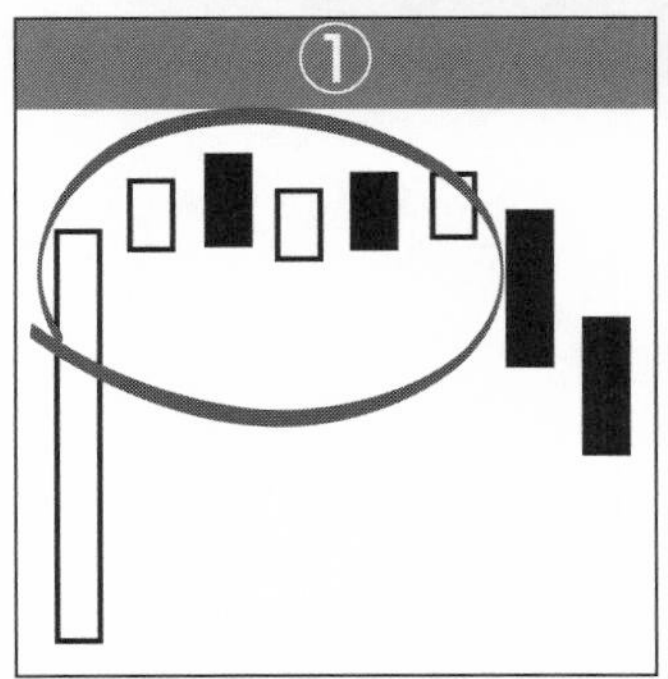

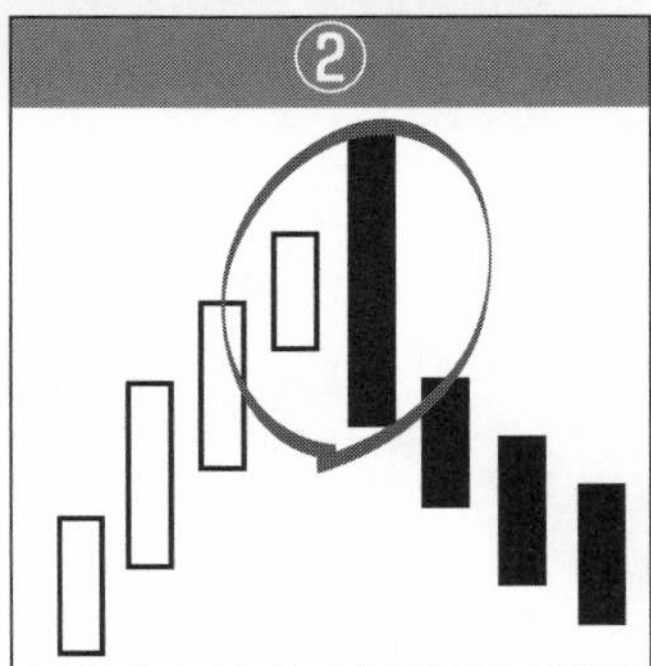

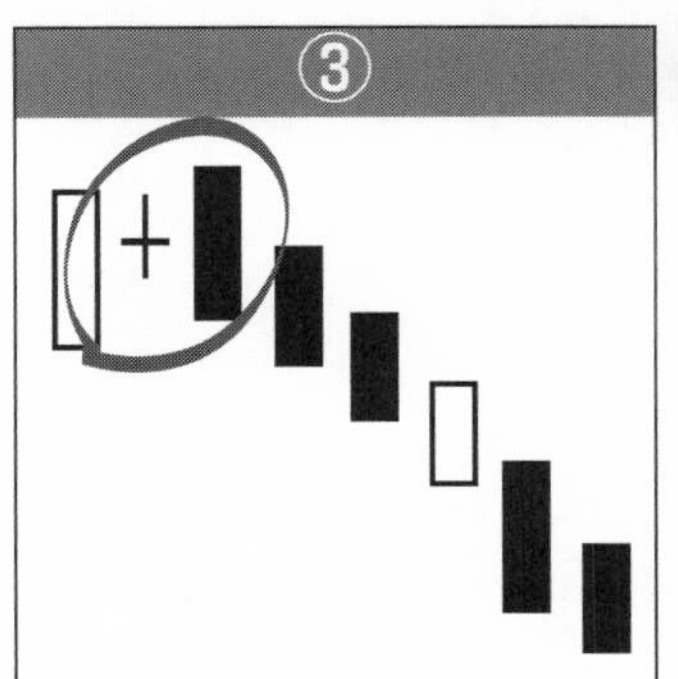

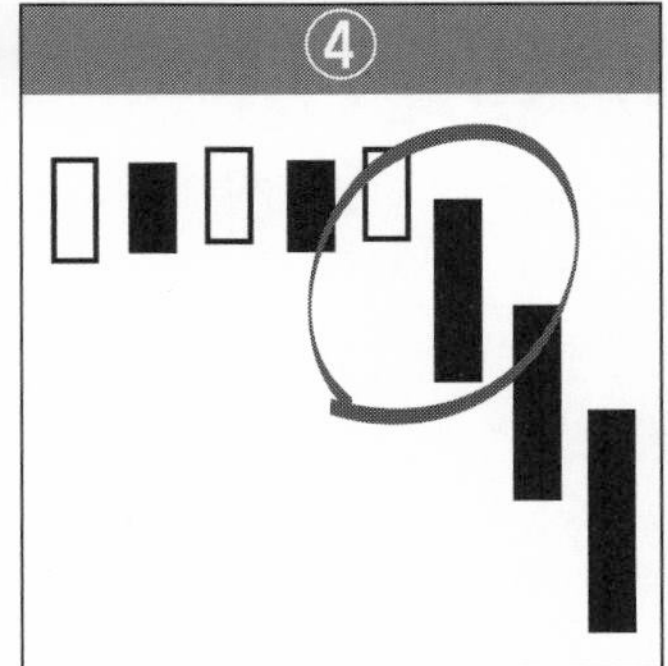

POINT

①高値の寄り付き後、長い持ち合いが続くと下げる
②上げてきた陽線をより大きな陰線が包むと下落
③高値で十字線が出て、これを陰線が包むと下落
④持ち合い後の陰線は下落

寄り付きからの陰線の連続をどう読むか

さて、ここからは様々なシグナルを振り返りながら、分足（ここでは5分足）ができあがる過程で素早く取り引きするトレーニングを寄り付きからやってみよう。板情報を見るまでもなく、取引の成立とともに変化する分足を見ても十分確率の高い取引はできる。

この日は、相場にさしたる強い材料はなかったが、目をつけている銘柄の朝の動きを注目してみた。始まりは下げである。値ごろ感から買いが入り少し戻して陽線も出た。しかし次には下落方向にきた。そこで、次の分足ができるまでを監視する。

分足の形成の途中では、その下ヒゲ陰線も出ている。最初は陰線で始まり、さらに陰線が長くなり、さらに株価が下げていくのかなというマイナスのイメージを持たせる。ただ、次の段階では違ってくる。陰線が短くなって下ヒゲが出てくる。これは株価下落に対して、買いのエネルギーが働いた様子を示すのだ。

しかし結果的には、大陰線になってしまったので下げ確定である。この動きでは持ち株処分、信用では売り建てを仕掛けるしかない。

中級

寄り付き後、陰線が多く連続した？

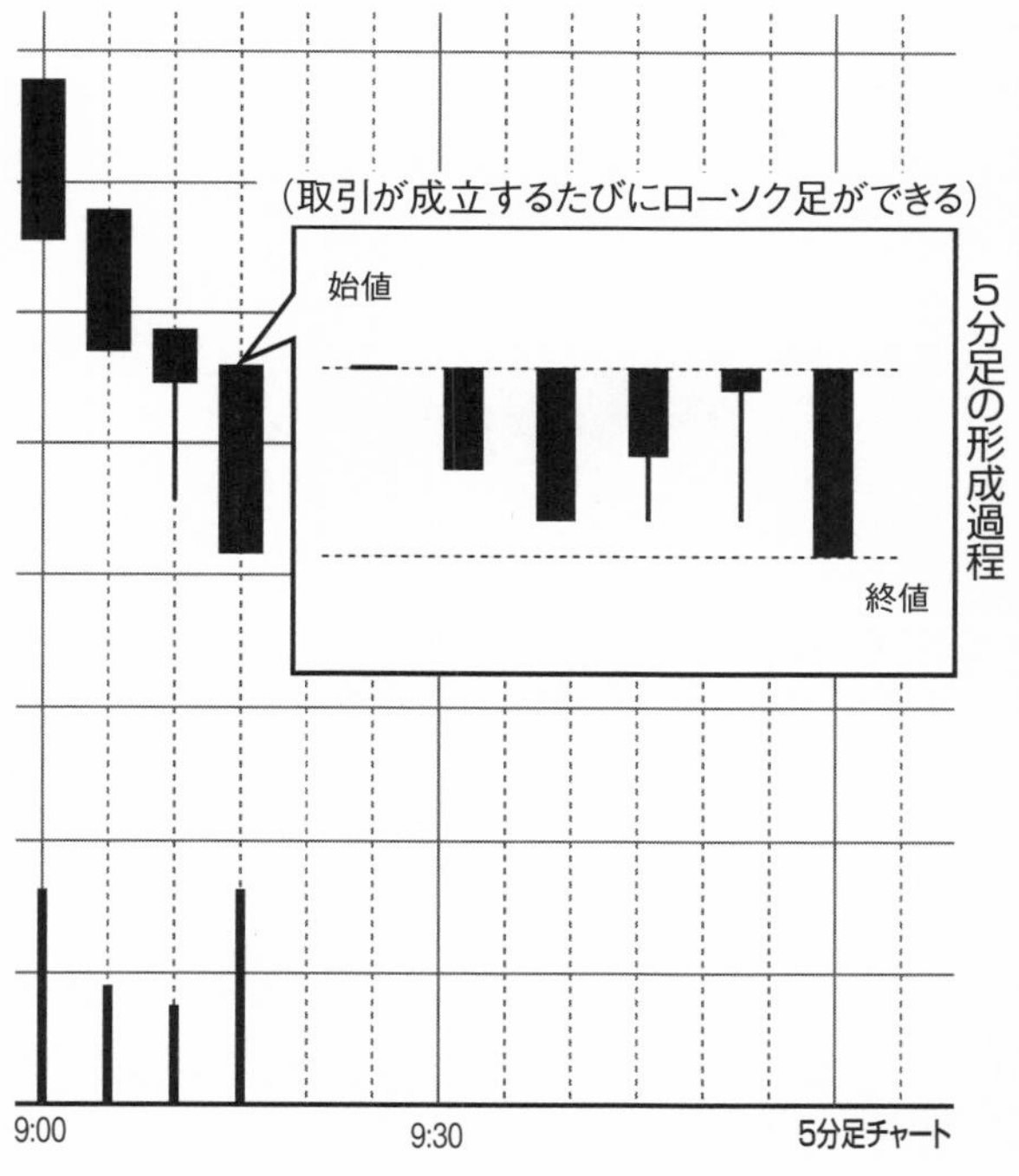

POINT

5分足ができあがるまでには、その過程で売買が成立するたびにローソク足ができる。そして、5分間経過したとき5分足が完成する。だから、その変化を見て素早く注文を入れるようにしたい。

株価が急反発するときの大陽線をどう読むか

デイトレでは株価の方向性を注意深く見なければならない。下げで始まったものの、いきなり反転してくる例も多いからだ。これは典型例である大陽線が上げのシグナルになる。問題は次の陽線でどうするかだ。

ここでの乗り方は、分足の形成の様相を見ないと、タイミングがわからない。大陽線の後いきなり窓明けしたが、その後に売りに押されて下がるが、再び上がっていった。これはすでに窓明けをしたうえに、さらに買いが入ったのであり、株価上昇の要素がきわめて強いことを意味する。

この時点で、すでに窓明けになった株価に乗る要素は十分に備わっているので、ここで買いを入れるのが良い。

分足ができあがったところでは、どこまで株価がいくかわからないため、このシグナルで買いを入れる。そうすると若干、分足の完成時よりも割安に買うことができるので、次の上げの段階で利益確定ができる。1円でも2円でも有利に買っておくことが大切だ。

中級

急反発して大陽線が出た？

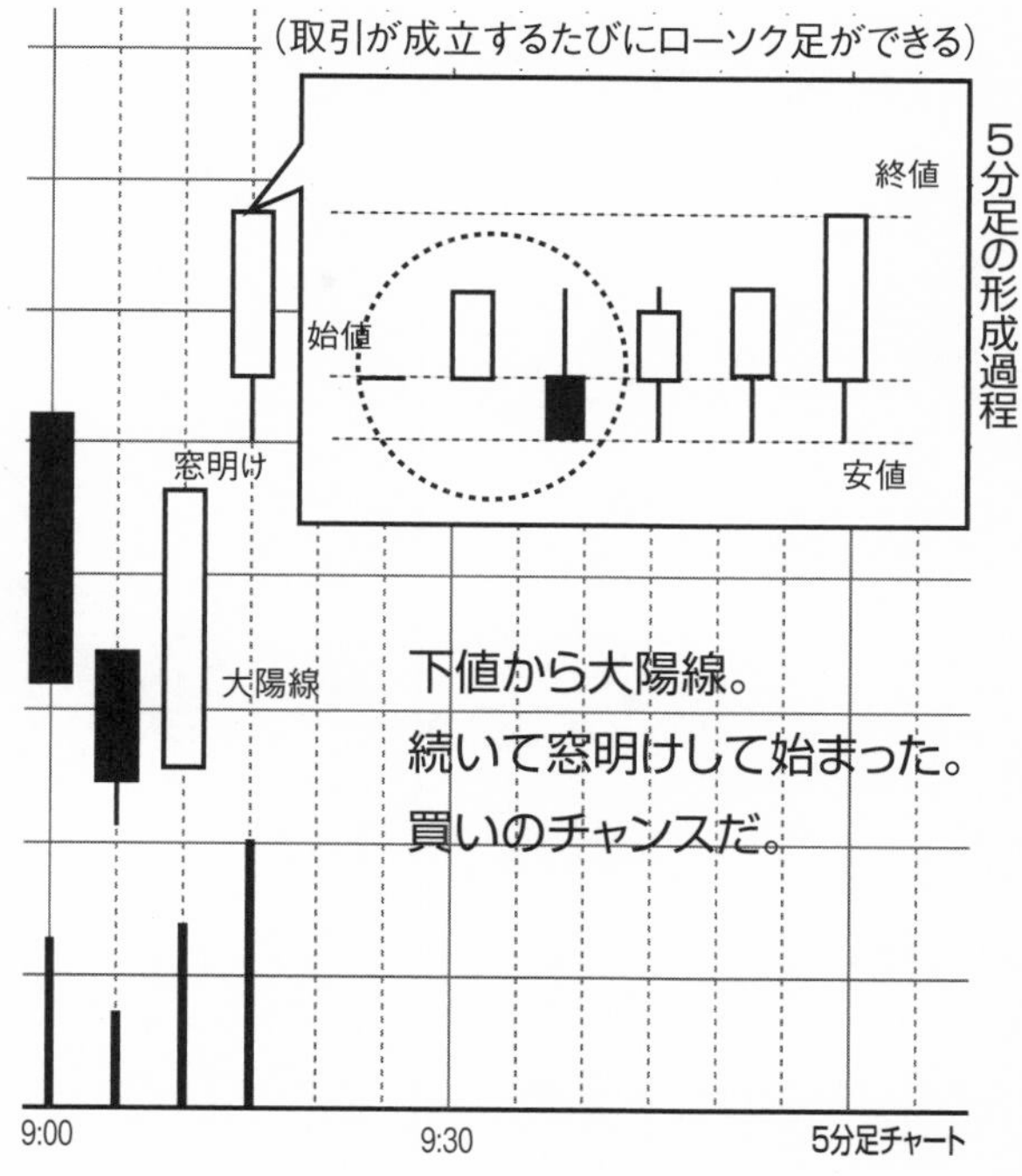

大陽線が出た。こんなチャンスには、5分足の変化を注意深く見て、買いを入れるタイミングを図る。

「寄り付き上ヒゲ」の後をどう読むか

株価は朝の出入りが十分なときに大きく動き、そのときの変動が一番稼ぎやすい。そのためにデイトレダーはここに集中する。

この株のポイントは、2番目に出た上ヒゲである。少し上げたものの上値の重さが嫌われて売り先行となっている。そこで5分足の変化を見ると、陰線はしだいに長くなっている。ここが信用なら「売り建て」のタイミングになるのか。とにかく、仕掛ける場面である。その後で、結果的にはこの分足は大陰線になる。ここで下げ確定だが、このような長い陰線が出てからでは売りにくい。

だから、分足の形成の段階でタイミング良く売る。さらに、形成が終わる段階では利幅を取って逃げる。これも、分足を見るからできるデイトレの手法なのだ。

この後で、株価がどうなるかはわからないが、下げの段階では1円でも高く売るほうが利益確定のための買い戻しがしやすいのだ。

寄り付き後、上ヒゲが連続した？

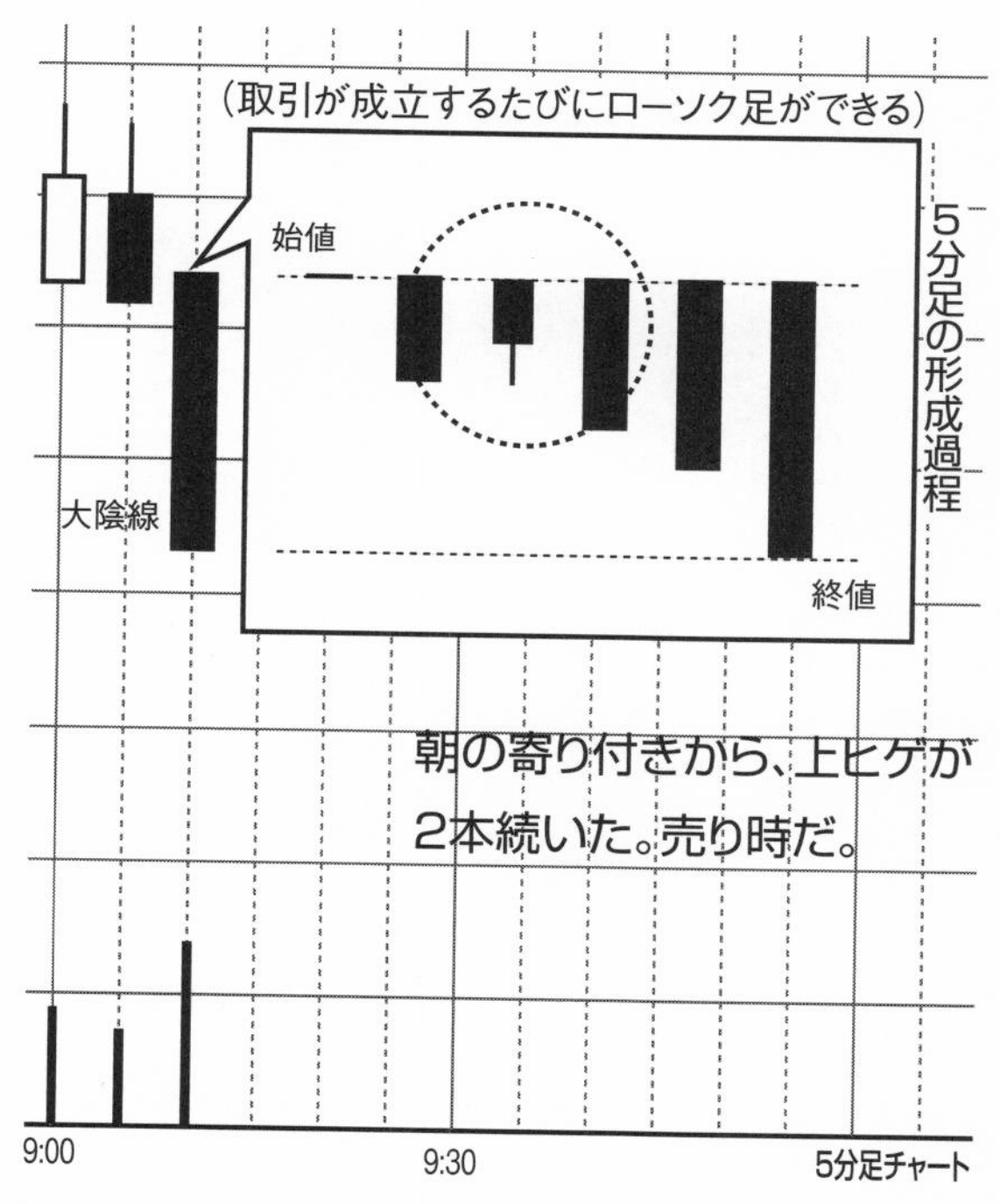

寄り付きから上ヒゲが連続したなら、売りのシグナルとなる。
5分足の変化で利益確定、売り建てのタイミングを図る。

<トレーニング>
15

急騰気配にはどう対応するか

株価がいきなり急騰で始まっても、すぐには乗れないのが投資家の心理である。少し様子を見ることにする。買いが強ければ板での買いに厚みも出てくるのだが、ここは5分足を見ながら取り引きしてみる。

3本目のローソク足を見ると、さらに上値を狙っていることがうかがえる。この分足の形成過程では途中で上ヒゲは出たが、結果的に大陽線になった。この株価の動きでは、板のほうも買いが厚く売りが薄いはずだ。このような銘柄は、窓明けを入れて、なおかつ上に上がる勢いがあるので、分足があまり伸びていない段階で飛び乗ってしまう。分足と板の気配でその勢いを感じて飛び乗るのだ。

分足の完成時には長い陽線になったとする。この時点で利益確定を入れることも可能だ。この作戦をとるには、分足が完成する前の株価の動きに注目して売買の決断をしていくことが大切だ。

中級

寄り付き後、陽線、窓明けと連続した？

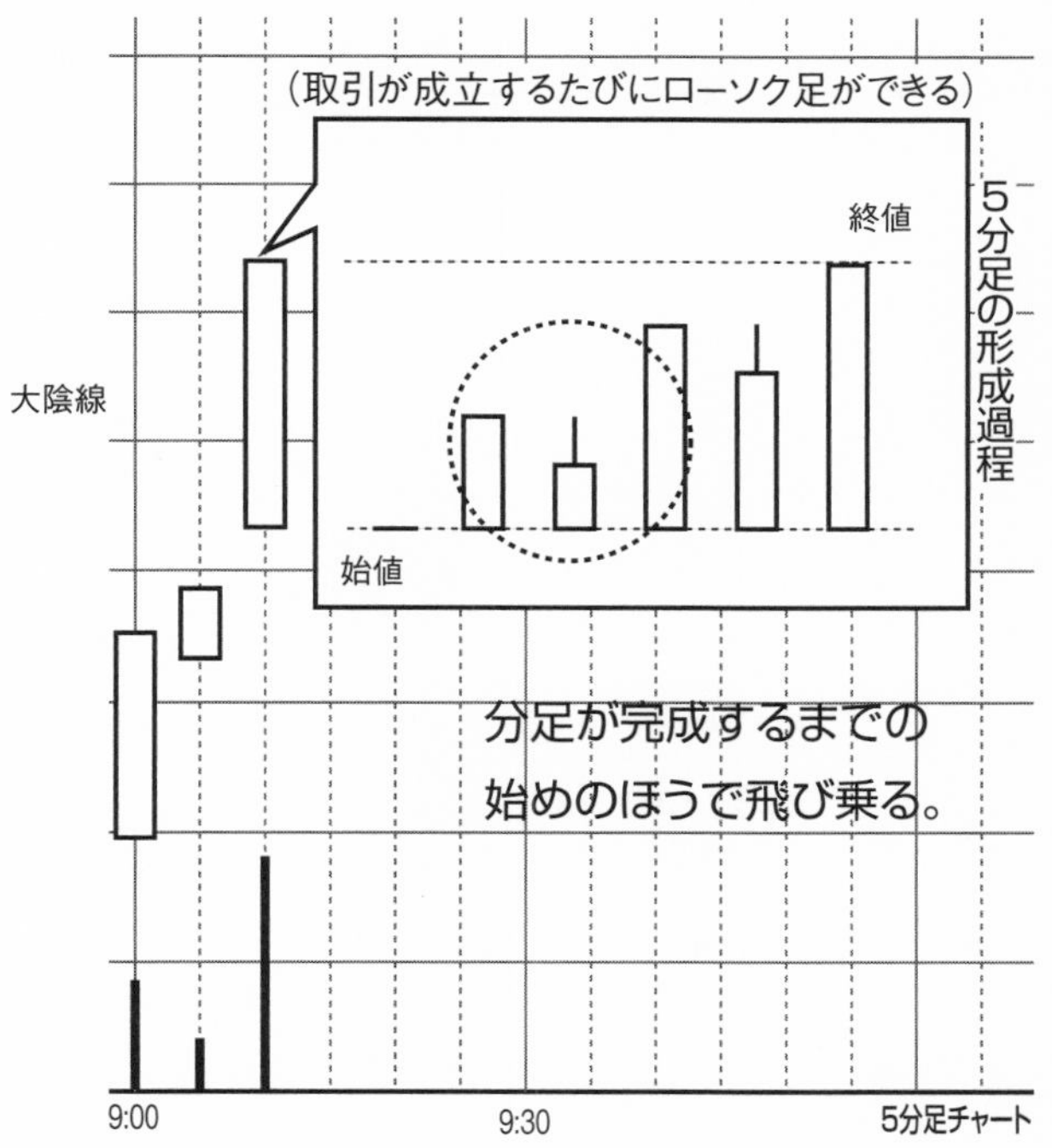

急騰の気配があるときは、5分足が完成する前に飛び乗らなければ、大きな利を取れない。

突然の「窓明け」にどう対応するか

大陰線が出たものの下値限界となる。その後に陽線が2つ並んだからだ。明確な方向はその後に急激な出来高を伴って株価がすっ飛んだことでわかる。強烈な「窓明け」がやってきた。これはセオリーから言うならば、明らかな上げ基調であり、エネルギーの強さを感じる。この株価は急上昇しても、持ち合いになるまでは上げのエネルギーが衰えないので、買いで良い。ただ、この窓明け後の株価の動きは、これに指をくわえて待っている必要はない。

窓明けの後にどこまで上昇エネルギーがあるかわからないが、そのエネルギーがあるうちに飛び乗り、そのエネルギーがある間に利益確定を行ってしまう。

この分足では、窓明け後の株価形成の過程で順調に足が伸びていることを確認して、買いを入れる。そして、買い板が厚いうちに売りをぶつけて、利益確定する。

これがもっとも確率の高いデイトレのやり方だ。
幅を狙うのではなく、ロットで、小幅で勝負する。これが確率を高め、儲けの金額を増やすのだ。

寄り付き後、利確、陽線、窓明けと連続した？

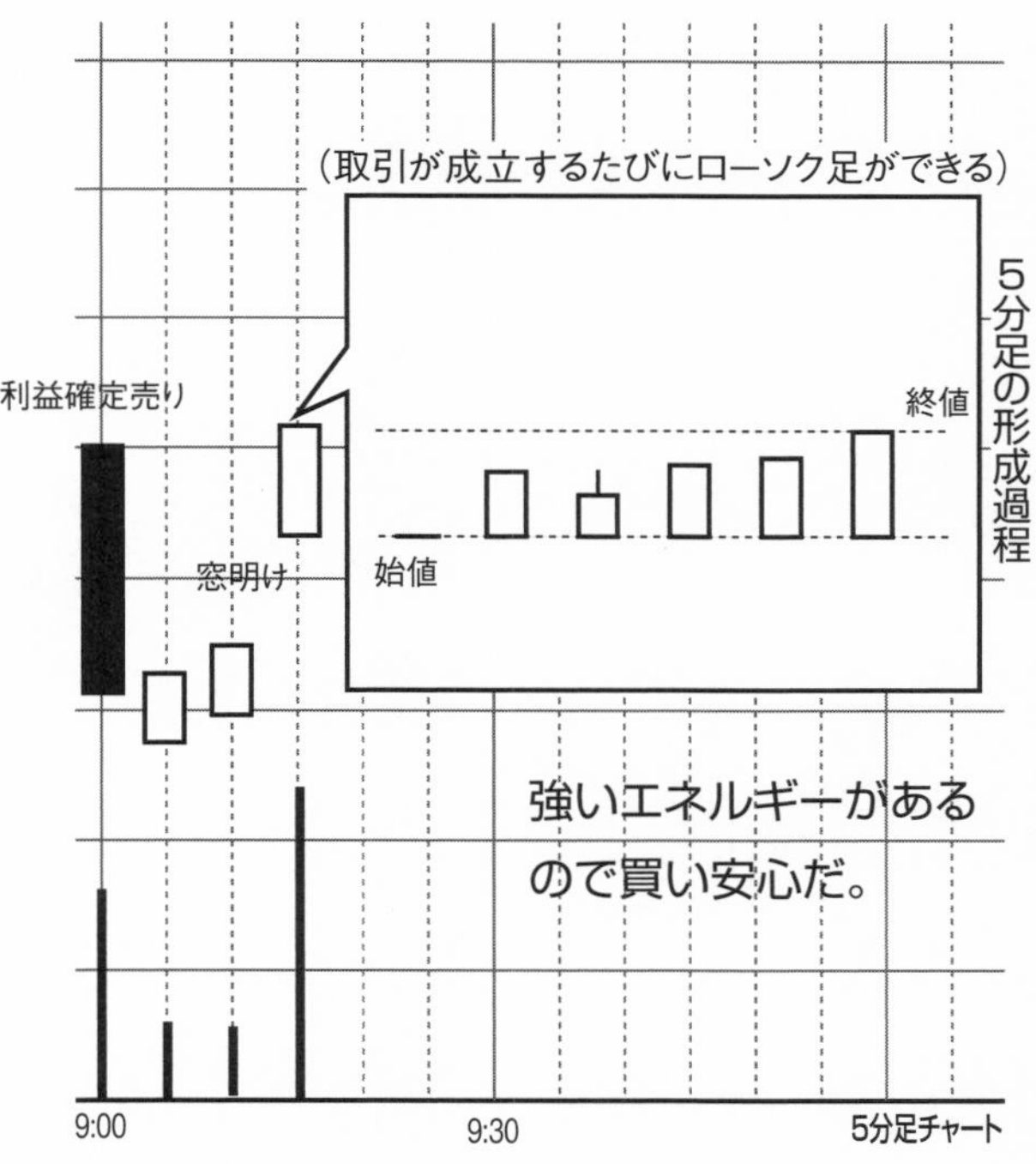

陽線が続いた後の窓明けで、5分足が完成するまで順調に伸びている。

<トレーニング>

17

出来高の大きい同事線の後にどう対応するか

寄り付きで出来高を伴って株価が上げる。しかし、上値での売りで分足は同事線になってしまい、「行って来い」になる。

上値圏では売り待ちの玉も多いので、さらなる上値を追うには重すぎるのだ。これが出ると、株価は売り急ぎの傾向が強くなる。株価は売り待ちの人が多くなると、簡単には上げない。前の日に買った人が翌日の高値で利益確定を狙っているときや、その日の日経平均株価が下落気味のときは、売りの圧迫が強いのだ。

ここでは、株価の様子を見る。その次の足が陰線になっていったら、方向は明らかに下落なので、ここで、利益確定や信用の売り建てを行うのだ。分足を見ていると陰線が次第に長くなっていく。それを見て、早めに売るのが良い。下げのときは早めに売って、さらなる下値があれば、そこで買い戻せば良い。素早い判断が必要だ。

この分足は結局、長い陰線になったので、少しは下値に向かうことが明らかである。

寄り付きで、出来高を伴って同事線が出た？

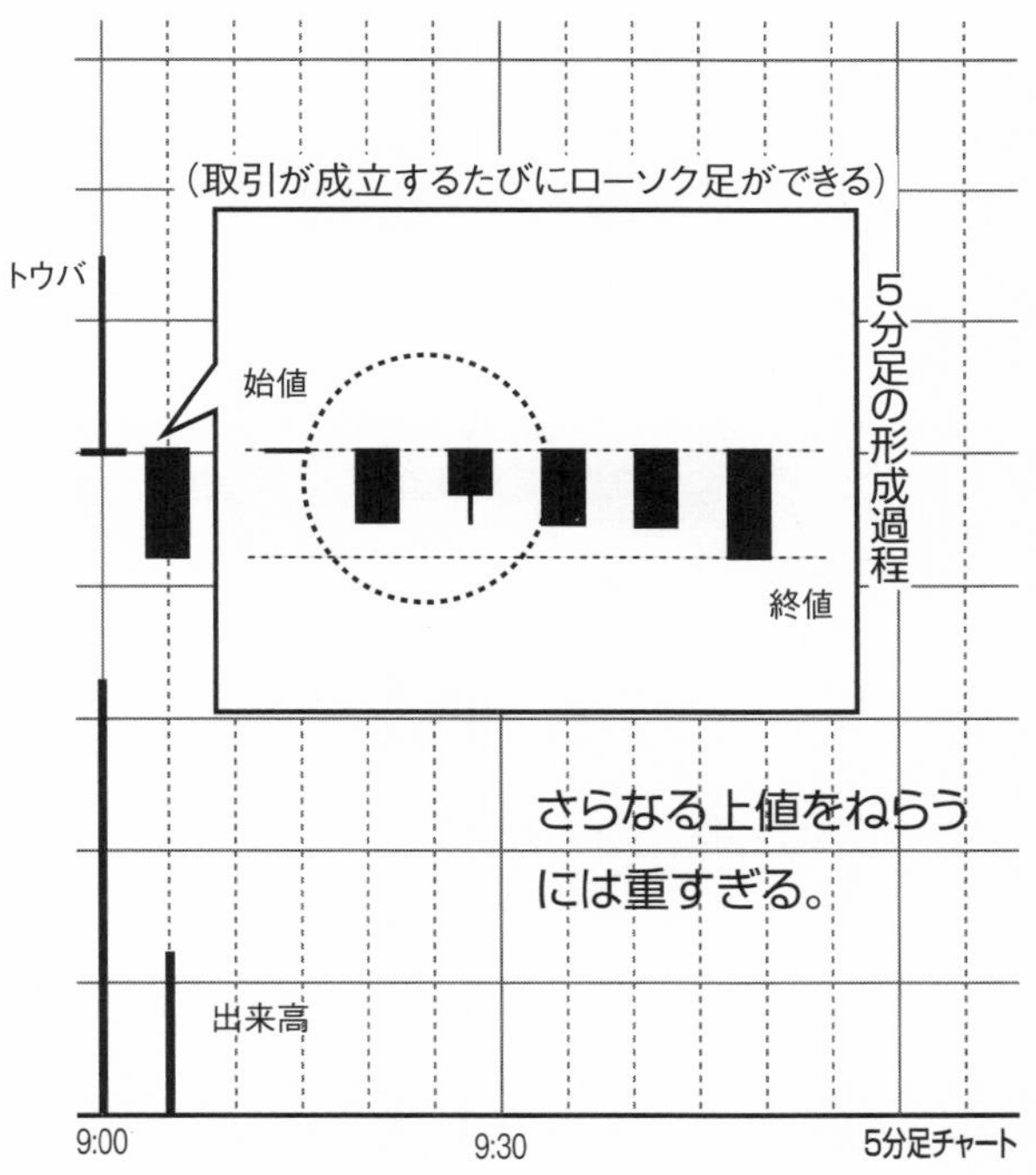

前日に買った人が翌日の高値で利益確定をねらっているときや、その日の日経平均株価が下落気味のときは、売りの圧迫が強い。

中級

急落からの反転をどう読むか

株価が朝一番に大陰線で始まったときは、さて、どうするか。その原因には、国内経済の動き、企業決算、さらに前日のニューヨーク株式相場の下落などがある。相場付きが悪いとき、平均株価の下げに連れ安したときは、このような株価の始まりになりやすい。

ただ、ここは座して見ている必要もない。下げすぎには、おおむね是正の動きが出てくる。弱気の売りに対して、下げたら買おうという買い待ちの人もいるからだ。

この銘柄の株価は、急落の後で戻しの陰線が出る。この陰線は下げであっても、株価の位置が戻しているので上げと同じになる。その後に陽線が出るので、ここは反転上昇のきっかけになりやすい。

この後に予測されるのは、売りが少なくなり買いの勢いが強くなることだ。

ここで素早く買えるならば、利益確定のチャンスも多くなるのだ。株で儲かるかどうかは、反対売買の余裕を早めにつかむことだ。

寄り付きで急落して一転、陽線が出た？

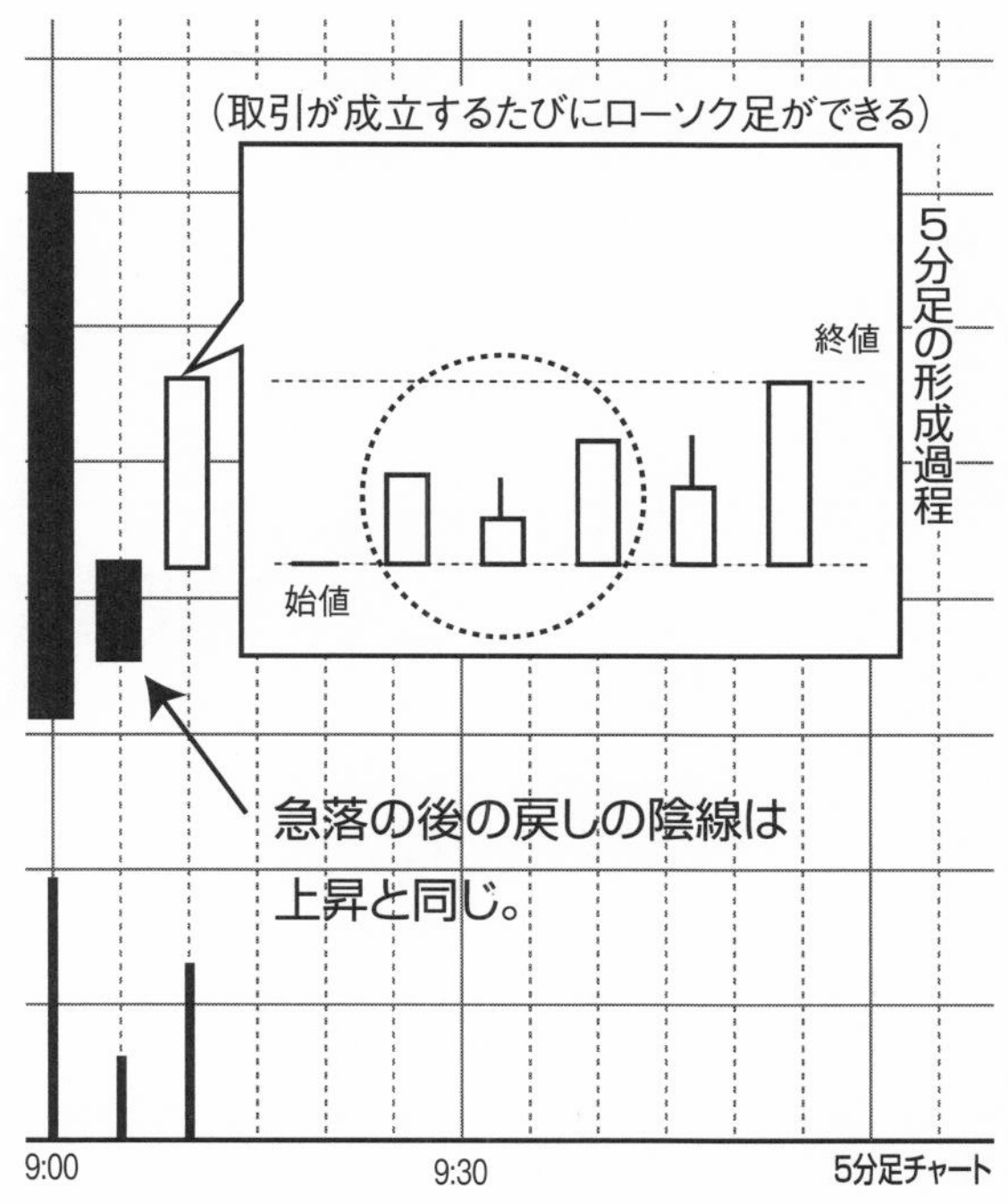

POINT

■下げすぎには、それを是正する動きが出てくる。

■急落の大陰線に包まれる小陰線は、反転上昇のタイミングになる。

上値に分足が3本並んだときにどう対応するか

中級

株価が上げた後に上値が重くなる信号はいくつかある。ここに挙げたものもその1つだ。朝から陽線が2本出て株価は一見強そうに見えるが、実は上に抜けないので足踏みである。どうしてこうなるかと言えば、上値での売り待ちが多いからだ。ここで読めるのは、株価は明らかに下を向いているということである。

このような動きでは「売り有利」のサインなので、利益確定はもちろん、逆に「売り建て」を行うほうが良い。しかも分足で陰線が明確になって、下落が明らかな大陰線の後の下げでは、なおさらである。しかも、2番目の陰線の分足が完成する前に売買を起こすことが、下げの場面で賢く対応する大切なデイトレの技術になる。

長い陰線の後で株価が下に向き始めたときは、次も陰線が出る可能性が強いので、出遅れないうちに、売りを行うほうが成功率が高くなる。

この銘柄の株価は頭打ちの3本の足が出た時点で、上値限界は明らかだと考えるだけの「予測力」を持たなければ成功率が低くなる。

寄り付きで上値で3本並んだ?

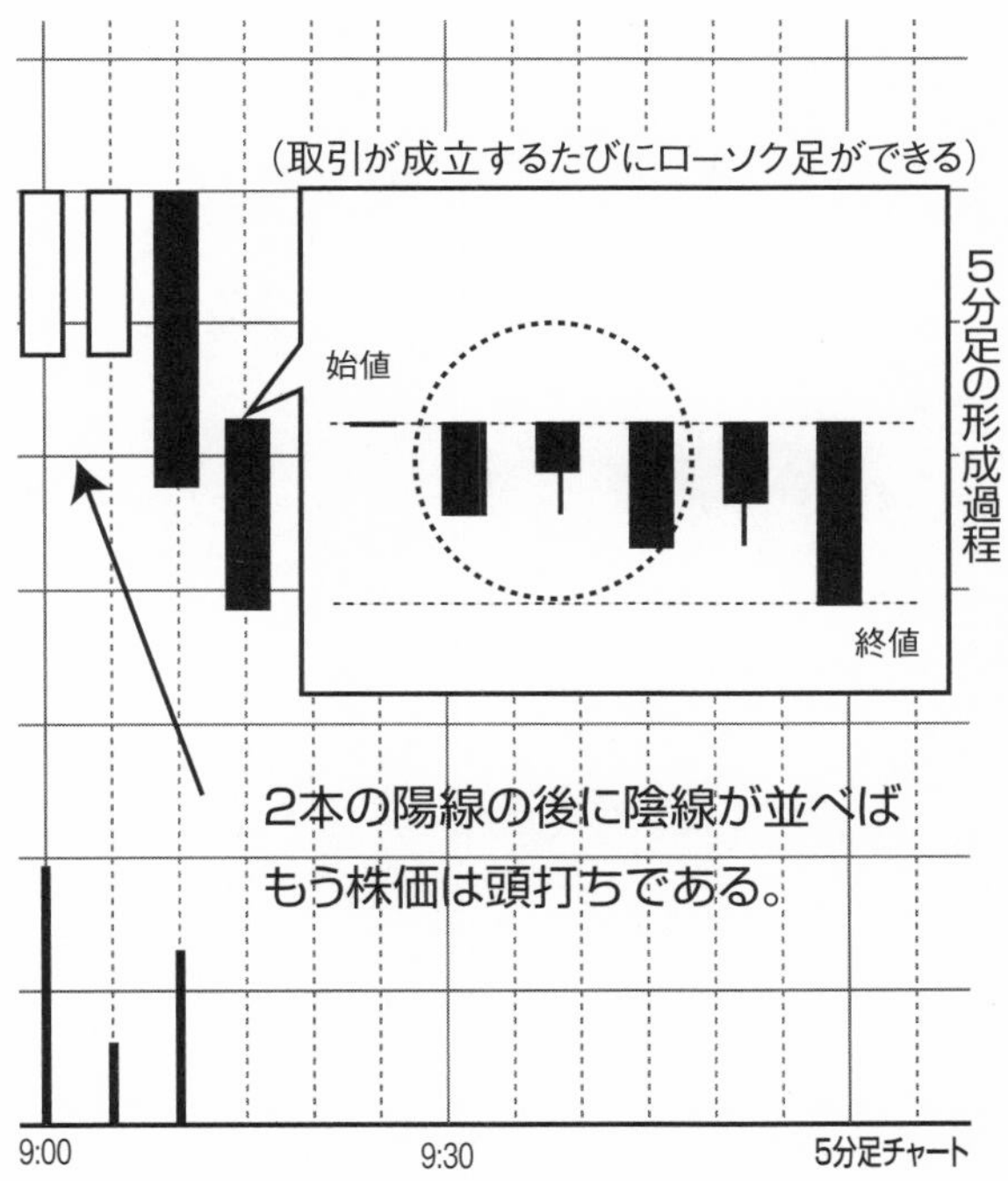

POINT

■株価が上げた後では上値は重くなる。

■売り有利のサインでは、素早い利益確定、売り建てを行う。

1 下げの終わりを狙って仕掛ける

デイトレのポイントは、いかなる相場であっても株価は必ず上下を繰り返すため、「小さな値幅でも、下がったら買い、上がったら売りを繰り返す」方法が最も確率が高いということだ。そこで、どこが買いで、どこが売りなのかを知る方法だが、あわてないで株価が落ちついた時点を狙うことである。

たとえば、「トレンドマイクロ」（４７０４）で説明すると、朝の寄り付きは、いきなりの大陽線で始まるものの、５３３０円どころで頭打ちとなり、陰線続きで下げていく。しかし、株価は持ち合いに入り、ボックス圏を形成。やがて持ち合いを上に放れていく。

ここですかさず買いを入れる。５２９０円での買い。売りが途絶えて買い優勢の動きになり、株価は上値追いとなる。流れに乗っていき、前引け間際に窓明けの上げとなるが、出来すぎは売らないとチャンスを逃す。５３２０円で逃げておく。大切なことは、上げの勢いのあるうちに売りを行うことだ。案の定、後場は利食い先行で売りに押されてしまう。30円の値幅であるが、持ち合いとなれは、株価に勢いがあるうちに手仕舞うのが鉄則である。

下げの終わりを狙い、仕掛ける

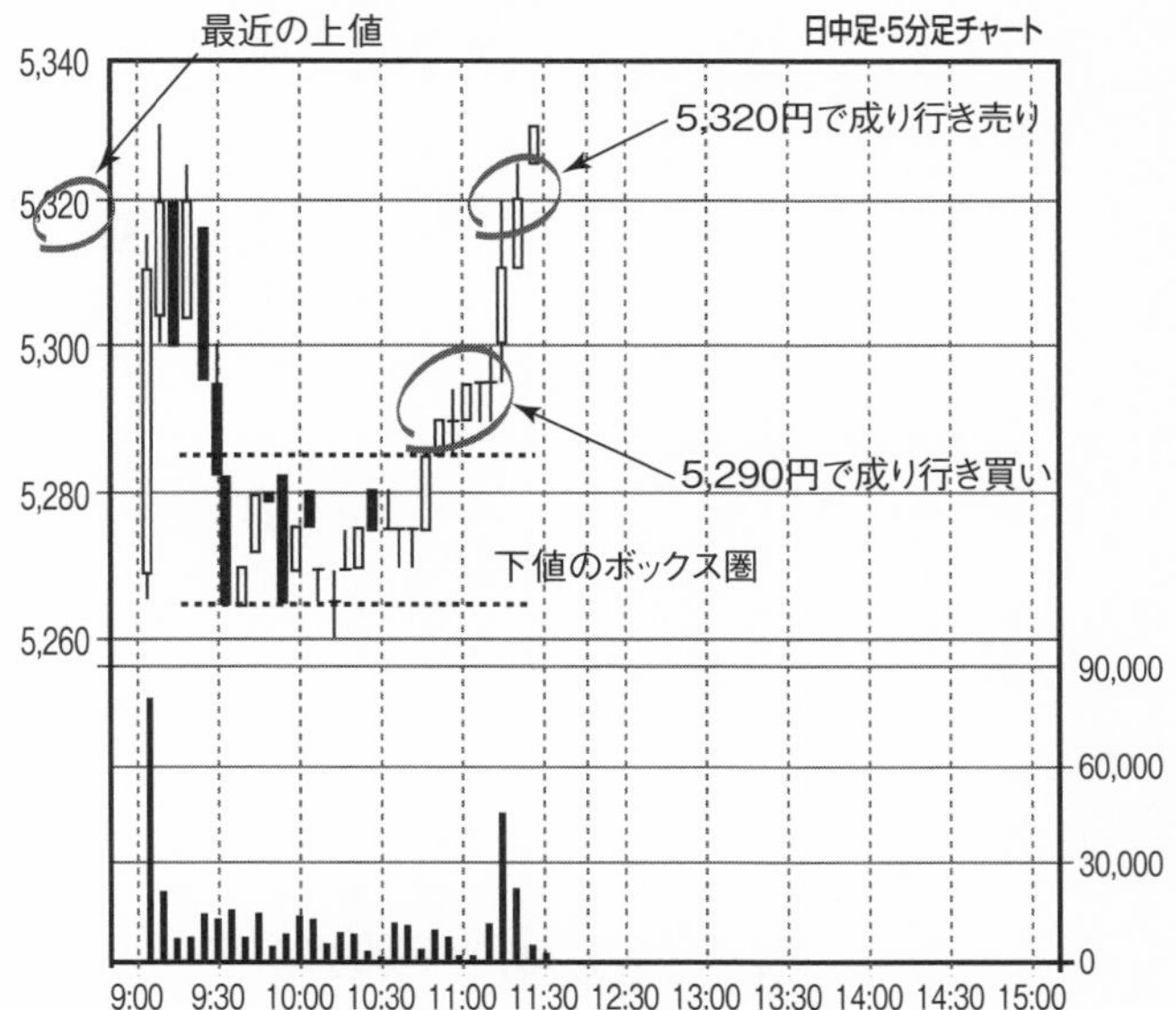

POINT

- ■人気銘柄で出来高がそこそこある。最近の上値を調べる。
- ■下値局面を確認して、そこからの上昇局面で仕掛け、上値圏近辺で手仕舞いする。

2 「持ち合い放れ」を狙う

朝から株価を見ていて、問題は今が「上なのか、下なのか」ということである。株価の動きの方向性を見極めることは、利益を確保する大切な要素だ。

Ｅｎｊｉｎ（７３７０）の株価の動きを見てみよう。朝から1時間あまり、持ち合いが続く。果たして、その次の展開はいかに。株価の勢いは出来高を伴って、上に突き抜ける様相となる。ここは間違いなく買いである。２３２０円どころで、すかさず仕込む。

順調に上げていたが、株価の板が静かになり始める。その上の株価を買い方が少なくなり、出来高の急減がわかる。売りで利益確定のタイミングだ。この日の上値は結果的に２４４０円どころだが、短期決戦のデイトレードでは、チャンスはすかさずつかまなければならない。２４４０円どころで売却。わずか10分の動きをものにする。

欲張っていると、その後はだらだらの調整になり、場合によっては売り場を逃すことにもなりかねない。利益が小幅であっても、とりあえず利益確定が賢明だ。大切なことは、出来高があり株価に勢いがあるうちに売り逃げること。まだ上がるだろうという望みは持たない。

「持ち合い放れ」を狙う

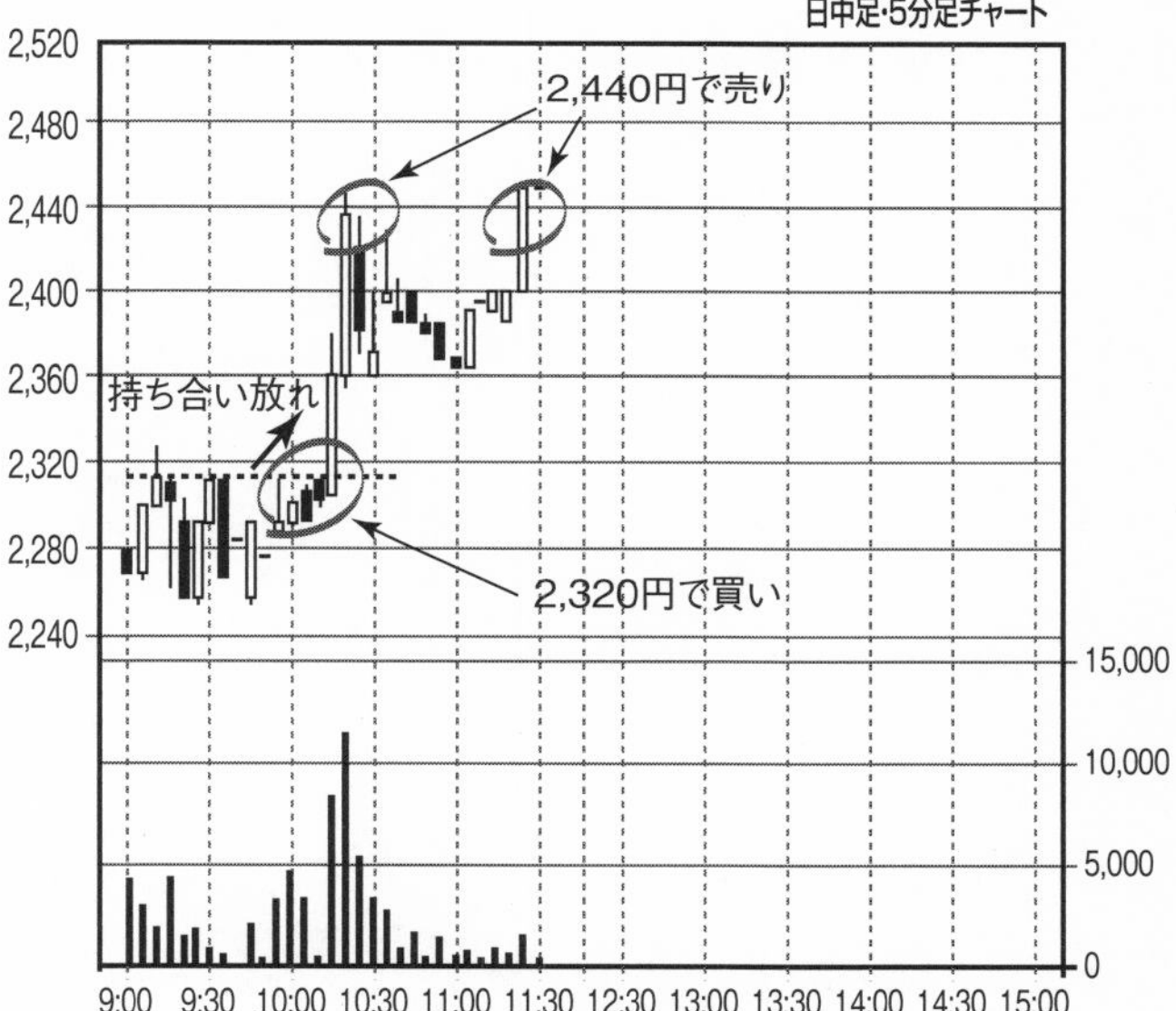

POINT

■株価の値動きが早いときは、「指し値」ではなく「成り行き」で乗る。

■値幅を決めておき、勢いのあるうちに素早く手仕舞いする。

3 「じわりの上げ」はついていく

その日の相場つきによるが、全体的に強いときは朝からの上げにうまく乗っていくのが賢明である。あまり強すぎる相場では、「寄り天」と言って、朝一番の寄付きが「買い気配」で始まり、結果的に寄付きがその日の高値になる。このような株価の動きにはうまみはない。

SBIホールディングス（８４７３）の株価を見ていると、朝から陽線が続いている。陽線が2本の後で陰線が入るが、すかさず陽線で勢いの強さが判明するので、素早く買いに入るのがいいだろう。２４６０円買い、さらに株価は上値追いとなる。株価は売られることなく、じわりの上げだ。このような売り圧迫の少ない動きにはしっかりと乗っていきたい。

ただ、際限なく上がる株価は少なく、売り時を虎視眈々と見なければならない。デイトレの鉄則である。３本の陽線が続いたところで、上値を買う動きはなくなり持ち合いになる。売り時のタイミングだ。わずか10円の値幅でも、含み損が出る前に利益確定を行いたい。

デイトレでは、小幅でも確実に利益を積み上げないと勝機の確率は低下する。いかに小幅でも、利益確定を逃すと株価は「行って来い」となるので、俊敏さが求められる。

「じわりの上げ」はついていく

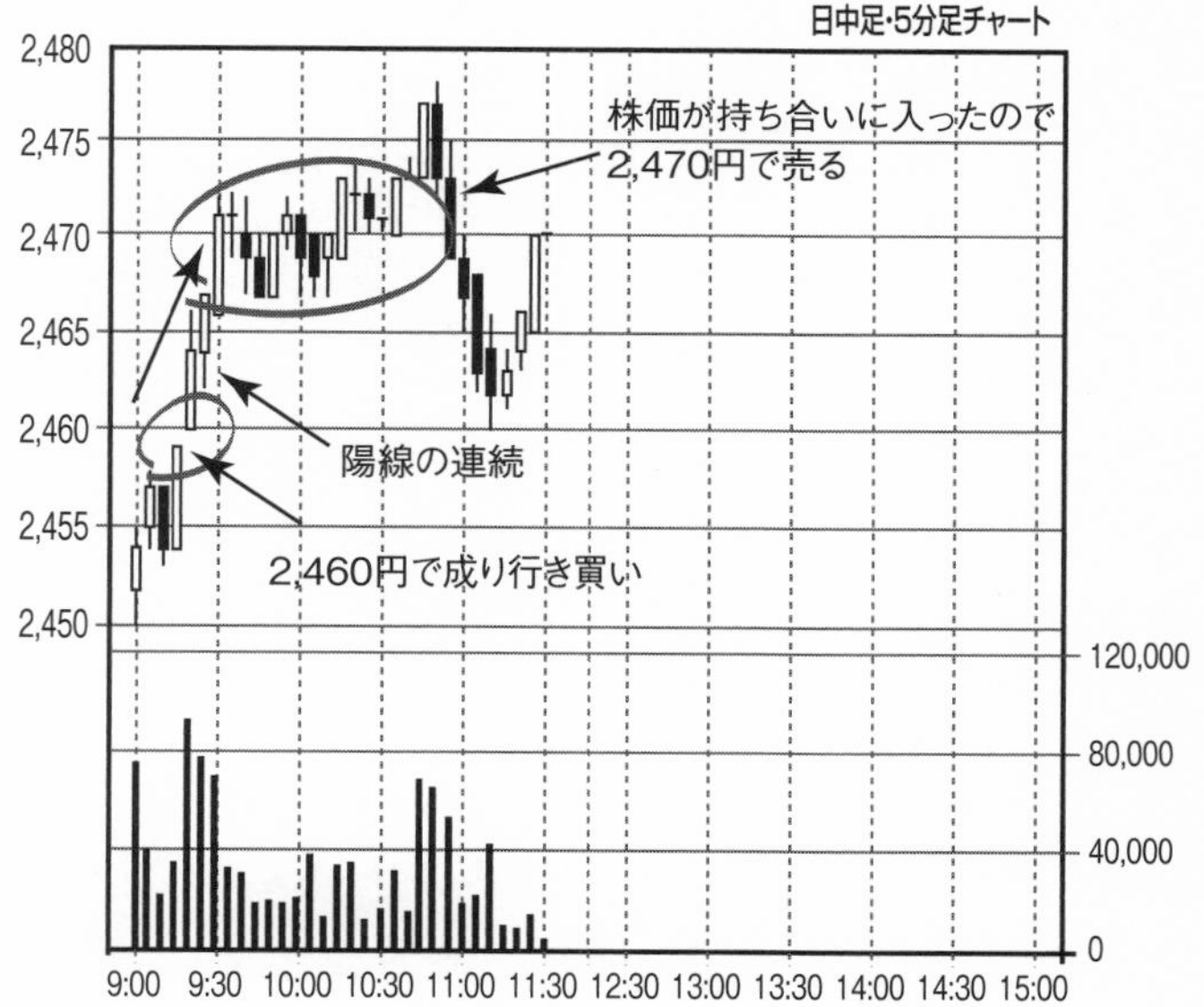

「陰線」が見られないときは上値圧迫がないので、上昇は持続する。「陰線」が出始めたときに手早く撤退する。

いきなりの「逆襲の陽線」を追う

上級

メタップス（6172）の株価の動きを見ると、朝一番では売り込まれたが、やがて、それを打ち消す逆襲の陽線が連続する美味しい値動きと言える。

ここに挙げた5分足では、陰線の後に、若干の持ち合いがあるが、やがて出来高を伴って株価は上げている。この状況では、ロットの大きい買いが入り、売りが出ても、それを瞬時に飲み込んでしまう。明らかな買いシグナルである。

朝からの持ち合い抜けを狙って、1400円で仕込む。値動きはさらに派手になり、売りを吸収しながら上げていく。理想的な上げ基調だ。わずか20分の動きだが、株価は1400円の持ち合い抜けから、一気に1600円へと上げている。小型の銘柄特有の動きである。

ただ、上げたところでは、アルゴリズムなどの売買が活発化するので、深追いは禁物。

ここでは、勢いがあるうちに1600円で利益確定しておきたい。200円幅が取れれば、100株でも2万円の利幅が取れる。小型株特有のメリットのある値動きである。

逆襲で株価が上げても必ず利益を取る動きは存在する。早乗り早降りのスタンスである。

いきなりの「逆襲の陽線」を追う

POINT

■勢いをつかんだら、短時間で乗る。

■株価が200円程度の銘柄では、2000株から5000株でロットで戦う。

5 「下ヒゲ＋三角持ち合い放れ」からの上げ

株価の持ち合いには、三角形のものが結構多い。問題はその後に、上に行くのか、それとも下に行くのかを見極めることである。

ここに挙げた大成建設（１８０１）の朝の動きを見ると、典型的な三角持ち合いである。ただ注意したいのは、３本目に下ヒゲの長い陰線があることだ。

これは一度売り込まれたものの、下値ではすかさず買いが入り、結果として下値の硬さを示している。となれば、株価は上に行くしかないわけで、三角の先は上に急騰している。

このシグナルをいち早く読み取れれば、３９１０円で買うことができる。ただ、出来高を伴った上げではなく、売りが引っ込んでたまたまの上げなので長居は禁物。上ヒゲ３本のシグナルが出た時点で、すかさず売却が得策である。小刻みに利益を積み重ねるデイトレを考えると、このような小幅な動きでも確実に利益確定していく技術を身につけることである。

三角持ち合い、下ヒゲという確度の高いシグナルが出た後では、チャンスを生かして仕込み、上げの終わりである上ヒゲを確認したら、素早く売りで対応することが大切である。

「下ヒゲ＋三角持ち合い放れ」からの上げ

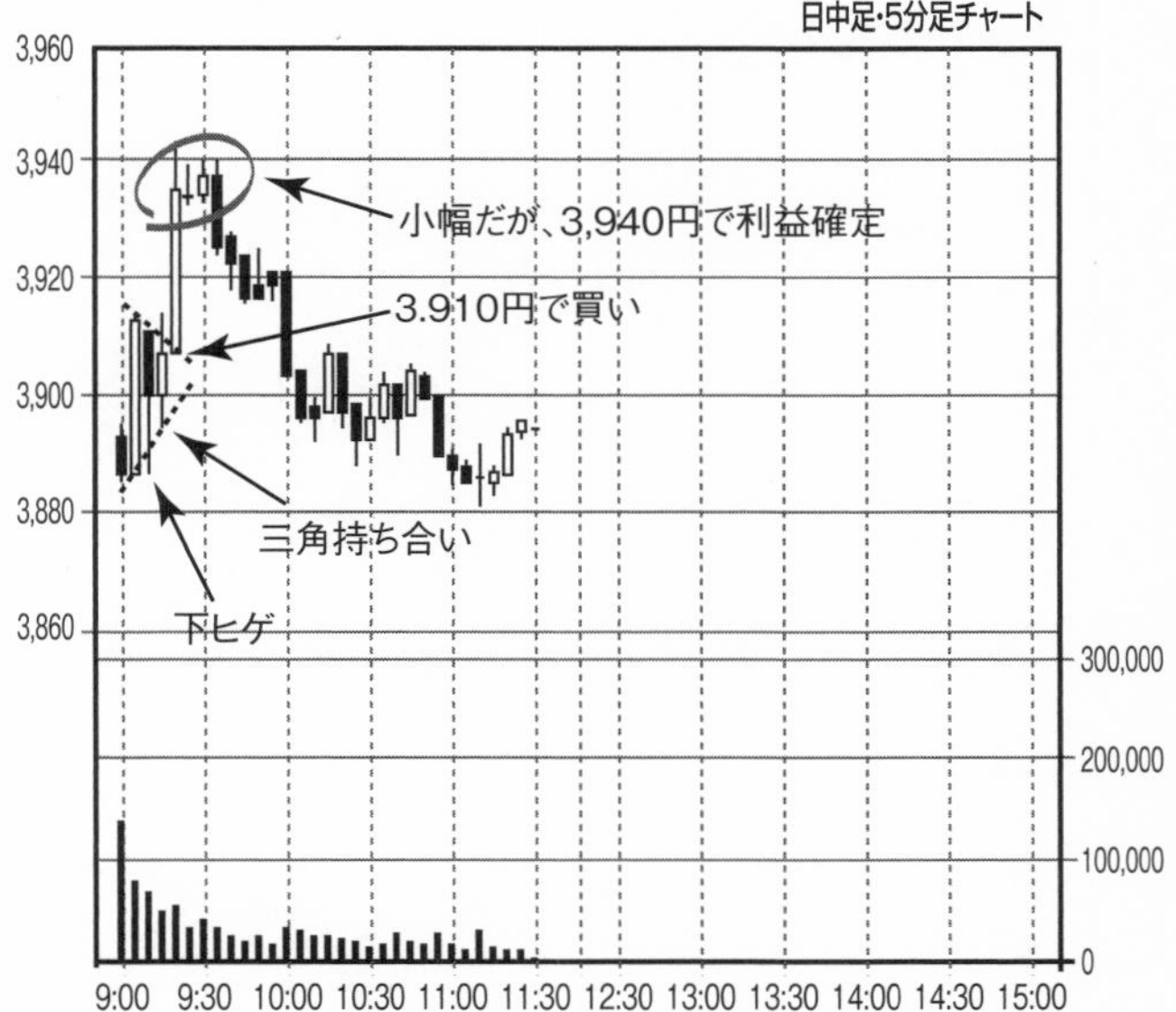

POINT

■長い「下ヒゲ陰線」は上げのシグナル。

■「三角持ち合い放れ」は買い有利のシグナル。

■陰線が出るまで様子眺め。

■株価が高ければ小幅で撤退する。

下ヒゲを確認して上値を狙う

上級

株価の動きにはある一定の方向性がある。上げ始めた株価は利益確定の売りに押されるまでは、行くところまで行く。しかし、売りが優勢になると、株価は下降線をたどる。

楽天グループ（４７５５）の動きも上げトレンド、下げトレンドを明確にしている。

朝は、方向性の定まらない持ち合いの相場つきだが、長い上ヒゲの後で、それを打ち消すような長い下ヒゲが出ると、株価は徐々に出来高を伴って上げ始める。

このタイミングで１１９０円の買いを入れる。その後も出来高は増えて、上値追いの様相になる。買いを入れた後に利益確定の売りが出て、５分足は持ち合いの陰線が1本出るが、ここは耐える。直後は買いが優勢となり、大きな陽線となり、上げの傾向が強まる。

さて、どこまで行くか。１２４０円を超えたところで、株価は上値持ち合いとなり、上値を取りに行くも、実線よりもヒゲが多くなるので、ここは売り圧迫が強く、上値の限界と見て、１２５０円での指値売りを行う。

株で儲けるには、売りのタイミングがいかに大切かがわかるチャートである。

下ヒゲを確認して上値を狙う

楽天グループ(4755)

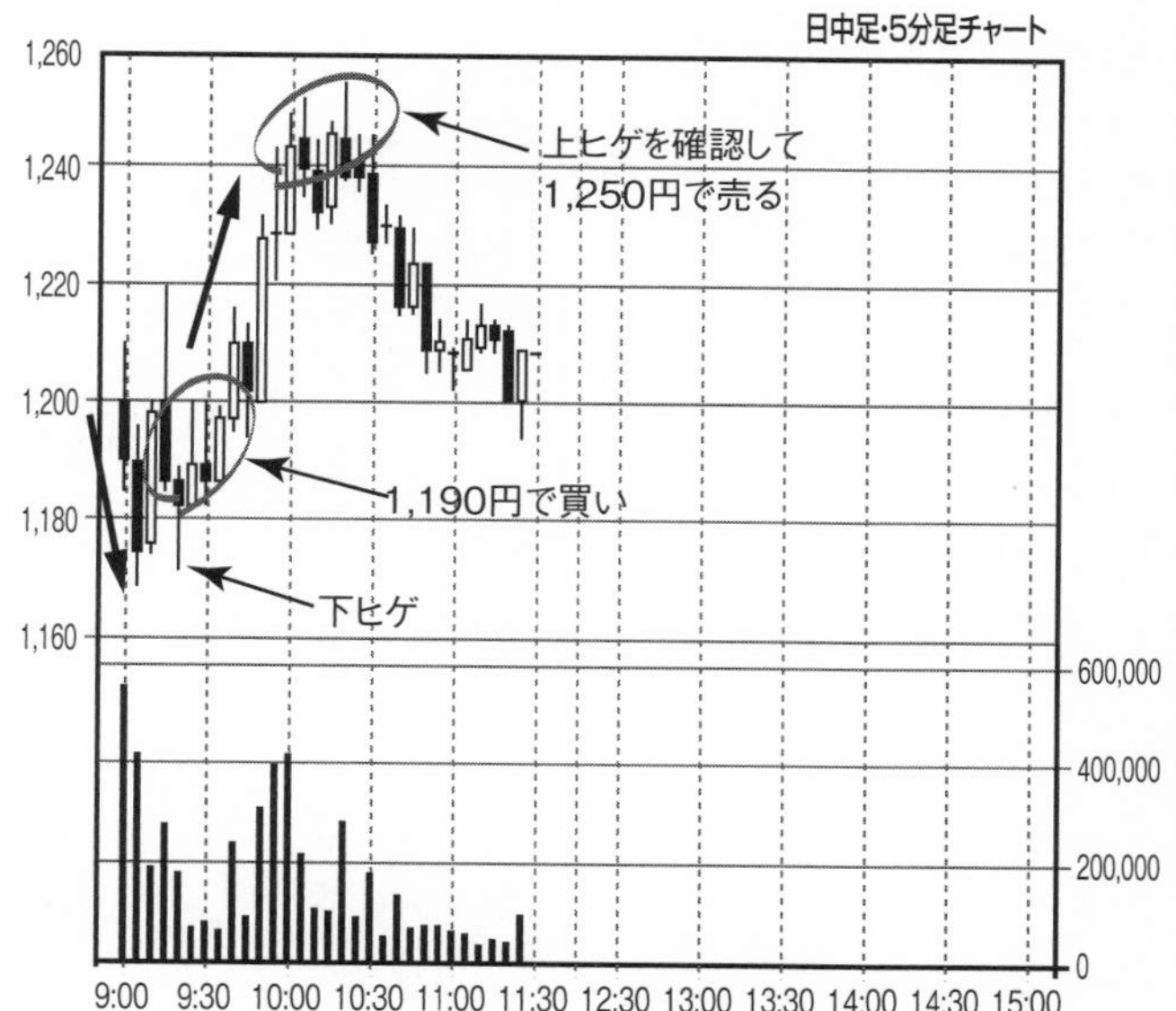

POINT

■「朝高」のときは利益確定売りを確認する。

■下ヒゲを確認して反転での陽線に注目。

■勢いを確認してその中での売買を行う。

7 二度美味しい右肩上がりの株価

相場全体が上げ基調の時には、前場から後場にかけて右肩上がりになりやすいが、すべての銘柄がそうなるわけではないので、注意が肝心だ。特に、夜のＮＹ相場が大幅に上げ、日経平均株価の先物も上がっていたときには、安心買いが朝の寄り付きにどっと出てきて、寄り付き高値（寄り天とも言う）になりやすいので、注意したい。

ここに挙げたキリンホールディングス（２５０３）のように、朝から上げて行き、結果的に午前中は右肩上がり、しかし後場から材料が出て急に右肩下がりになることもある。

この銘柄の仕込みどころは、寄り付きの後の３本目の長い下ヒゲの後だ。その後の小さな陽線が出たタイミングで１９３０円で飛び乗る。

出来高も増えながら、株価は順調に上げていき、やがて長い上ひげが出る。このタイミングは売り優勢なのでとりあえず１９８０円で売却。人気の銘柄なので、そのまま様子を見ていると売られたが、再び三角持ち合いからじり高になってきたので、同値だが１９８０円で仕込み、持ち合いになる２０１０円まで待って売却、二度美味しい株価の動きになった。

下ヒゲ+三角持ち合い放れ

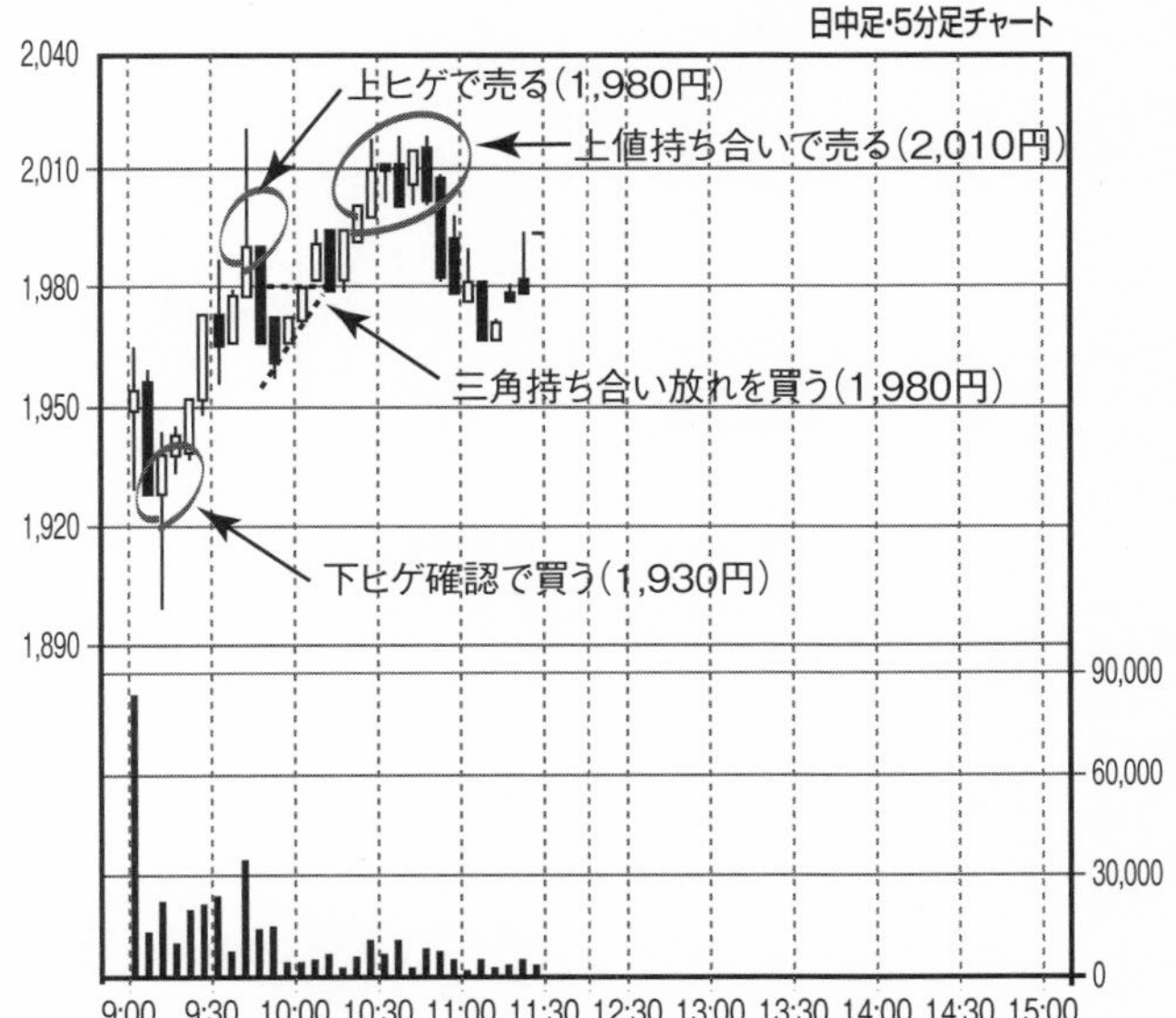

POINT

■下ヒゲを確認して買う。

■上ヒゲで売る。

■大陰線の後の持ち合い抜けにチャンスあり。

一瞬の動きで利益を取る

デイトレは、それこそ5分、10分の勝負で勝ち負けが決まると言っても過言ではない。なぜならば、プロと同じ土俵で戦うのが株式であるからだ。ただ、チャートの動きを監視していれば、そんなに難しいことではない。

ＭＴＧ（７８０６）の株価の動きを見ると、朝から小さな陽線が出ている魅力的な動きだ。板の動きがめまぐるしくなってくる。出来高が急に増えたことを示している。陰線なしでの出来高急増は買いの優勢を示すので、１７００円で乗ってみる。

案の定、直後に5分足は大陽線となる。勢いが出てきた。次は売買拮抗して小さく上下にヒゲが出る。しかし、上ヒゲだけではなく、持ち合いの小さな陽線なので様子見をする。

その次の足は再び大陽線となり、出来高も増えている。わずか15分の出来事である。しかし、次の5分足は出来高は変わらないが、やや売り優勢となる。ヒゲが上下に伸びた陰線である。

ここが潮時だ。１８９０円で売り逃げる。１９０円の値幅だが良しとしよう。出来高とローソク足がうまく連動した成功率の高い値動きで、このようなチャートを参考にしてほしい。

5分足を見ながら素早い対応

MTG(7806)

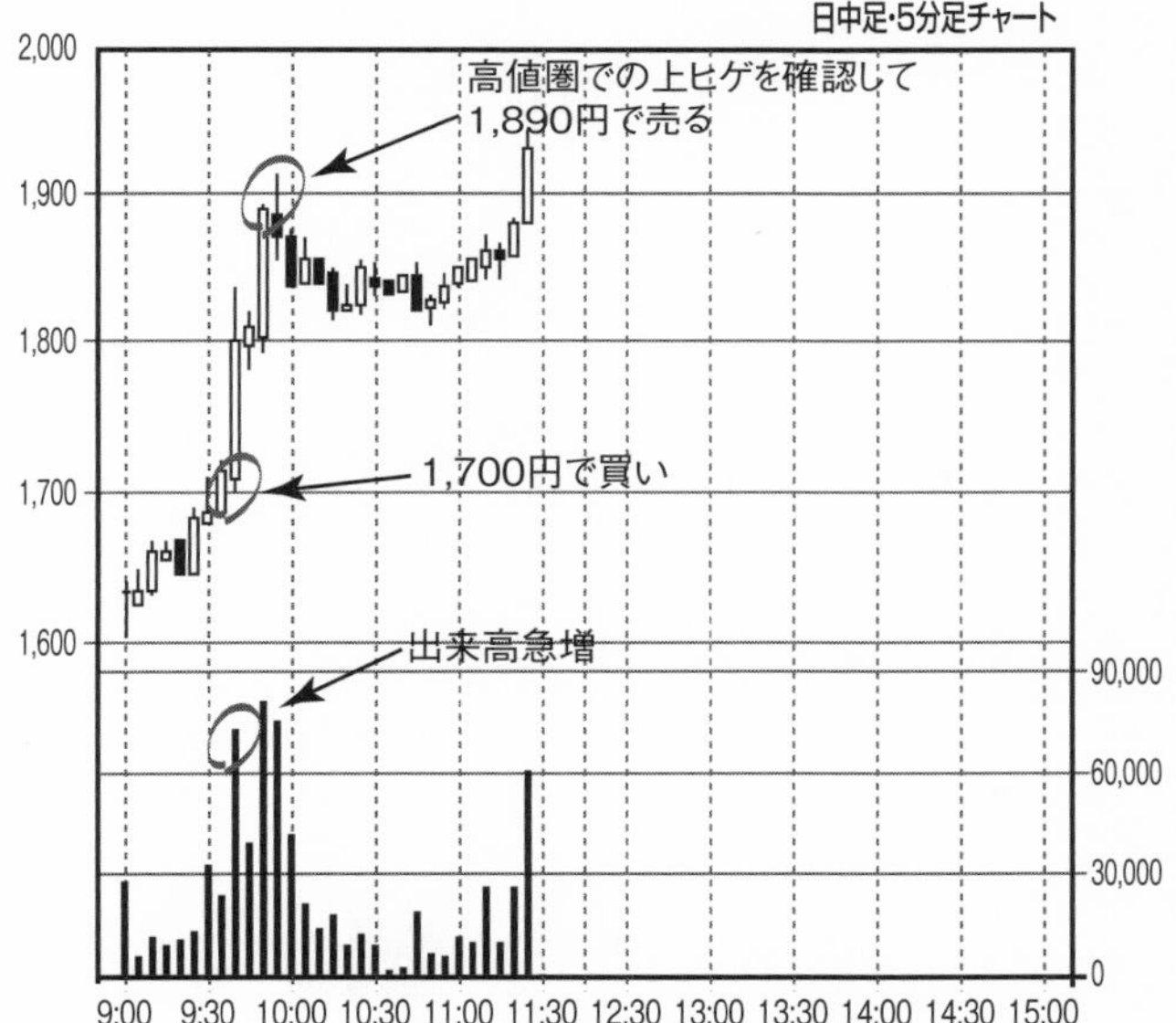

POINT

■迷わず素早い対応が肝心。
■持ち合い抜け、高値での上ヒゲを確認して、素早く売買。

9 デイトレは短時間勝負だ

デイトレでは、時間ではなく、いかに効率的に利益を積み上げるかが肝心である。そこで大切なことは、瞬時に上げ下げのタイミングを判断して適切な売買を行うということだ。

アドバンテスト（６８５７）は人気の銘柄であるが、外人投資家も多く参加するので、プロに負けないような瞬時の利益確定が大切だ。この日の株価はＮＹのＡＤＲの株価も急騰しているので、それにサヤ寄せしてくる可能性が高かった。案の定、朝一番から陽線で始まる。若干の売りもあるが、下値ではすかさず買いも入り、ヒゲをつけた陽線となる。

このまま上げていくのか、それとも寄り付き天井になるかはわからないが、失敗してもダメ元で乗ってみる。１万５３０円で買う。たいした出来高の増加ではないが、売りが少ないので株価は上げていく。４本の陽線をつけたところで、売りが多くなってきたので、１万６５０円で売る。その後は高値での持ち合いとなったが、長居は無用。

株式市場では、同じ銘柄で望外の利益を求めると元の木阿弥となりかねない。ドライに取り組んだほうがいい。深追いは禁物なのが株式投資での鉄則である。

勢いがついた株価に乗る

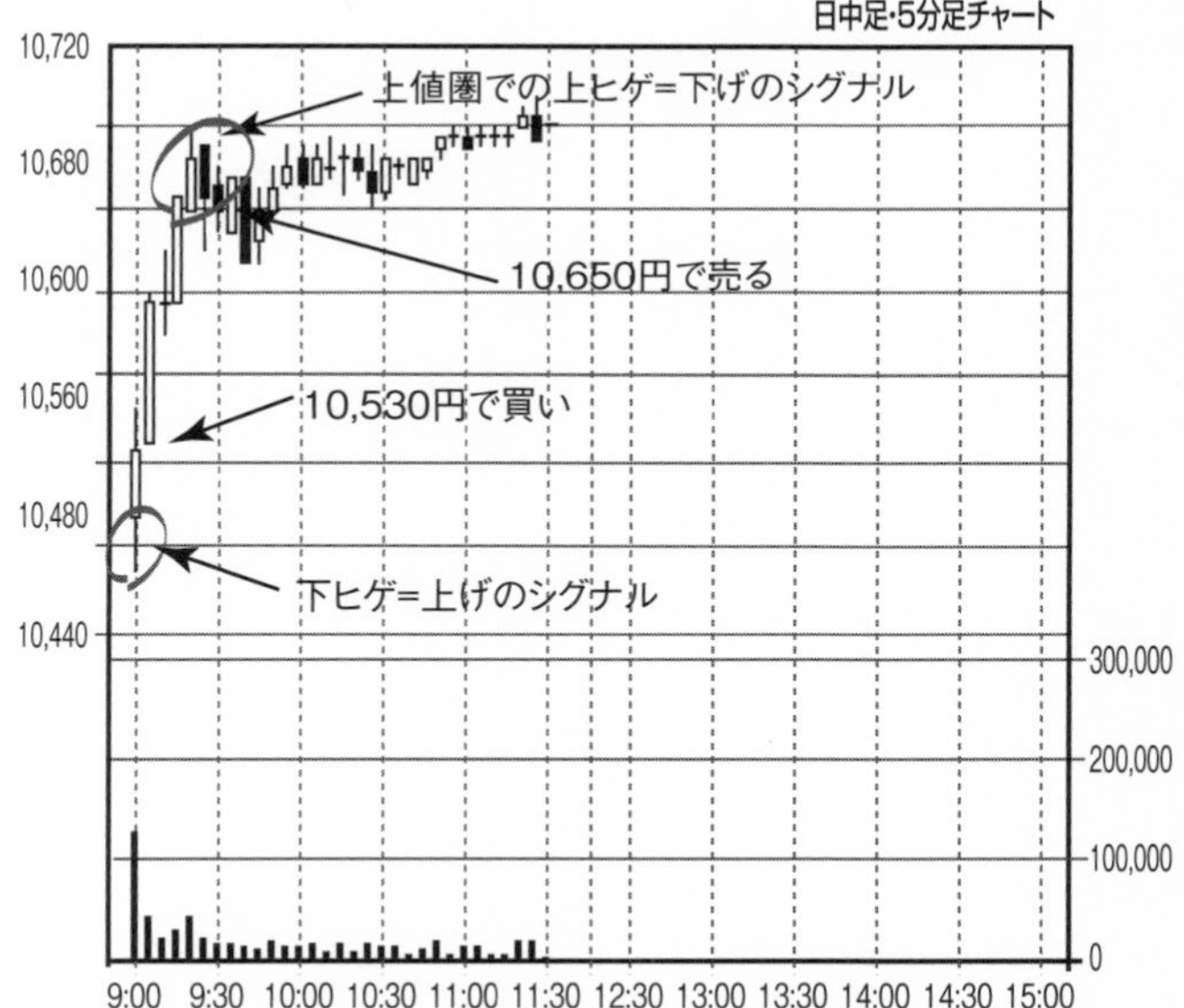

POINT

■勢いがついた株価は、多少の押しがあっても気にしない。

■下値での「下ヒゲ」、上値での「上ヒゲ」がポイント。

午前中を目一杯使う

業績の良い銘柄で安定的に利益を重ねるのもひとつの方法である。

デイトレードでは、その日のうちに利益確定ができれば理想だが、そのタイミングを逃したときに、スイングトレードに切り替えて、中期での利幅狙いもありうる。

ここ挙げたＭＣＪ（６６７０）は、東証二部の小型の銘柄だが、パソコンの製造販売で業績が良く、配当も増配含みで人気化している。先高感が予想される人気の銘柄である。

朝一番は持ち合いで始まるが、30分後に出来高が急増して持ち合い放れの様相。包み線である。ここで１０７５円の買い。株価はその後も上げ、出来高は少なく板の動きも目立たないが売りが出てこないので株価は上り調子。11時頃には出来高が増えての高値追いの様相。

しかし、その直後に上ヒゲが出てきたので、上値はとりあえず限界と見て、１１０５円で売却し、この日のこの銘柄でのトレードは終える。午前中をフルに生かした値幅取りだ。

あまり不安のない株価の動きなので、この銘柄では後日に売買しても先高感からの買いが入りやすいので面白い銘柄であり、長期のトレンドも良い。

上級

動きの良い銘柄なら、しっかり利益を稼ぐ

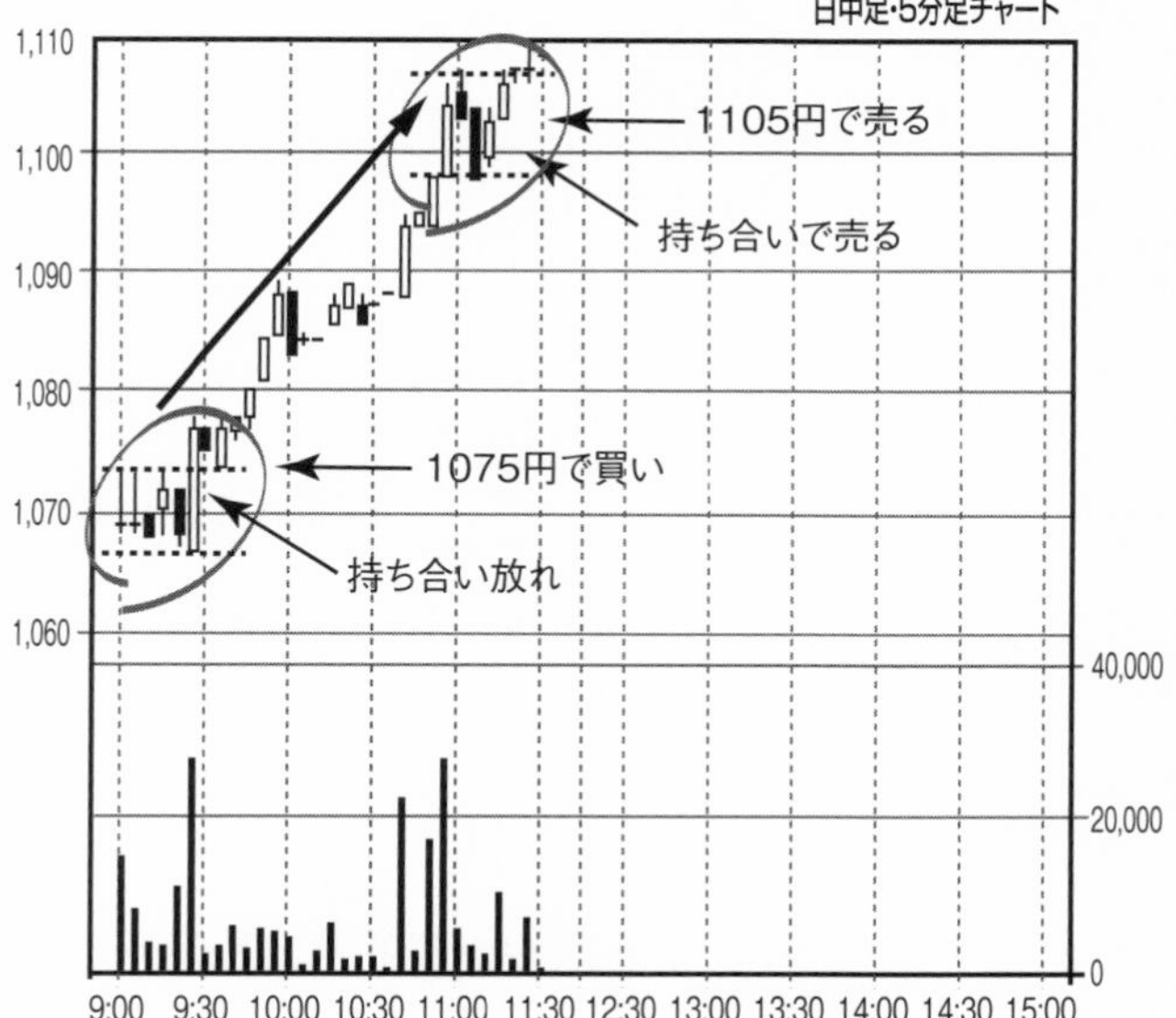

POINT

■好業績人気銘柄の勢いには値幅をしっかり取っていく。

■下値圏での包み線、上値圏での上ヒゲのシグナルに注意。

朝からの急騰に乗る

新興市場の人気の銘柄は、動きが早いので、瞬間の動きを瞬時に捉えて利益を確保したい。平田機工（６２５８）は、有機ＥＬ向けの半導体設備関連で業績が絶好調であり注目の銘柄だ。ただ、自動車、電機などの輸出関連に連動するので、為替相場の変動に注視する必要がある。

この日の朝は、下ヒゲをつけてのいきなりの上げになってきたので、６０００円で買ってみる。運よく、その後は出来高を伴っての大陽線。次第に上げていくが、２本の足が上ヒゲをつけてきて、出来高も減ってきたので、これ以上の深追いは禁物だ。

６２００円で指値での売り。２００円の利幅はまあまあである。この銘柄は株価目標が高く、７０００円台になると言われているので、デイトレではたとえタイミングを逃しても、大きな損の可能性は低い。

このような先高感のある銘柄でトレードするならば勝つ確率が高いので、なるべく似たような業績の良い銘柄でのデイトレをするのが賢明であろう。

上級

監視していた銘柄が動き出したら迷いなく乗る

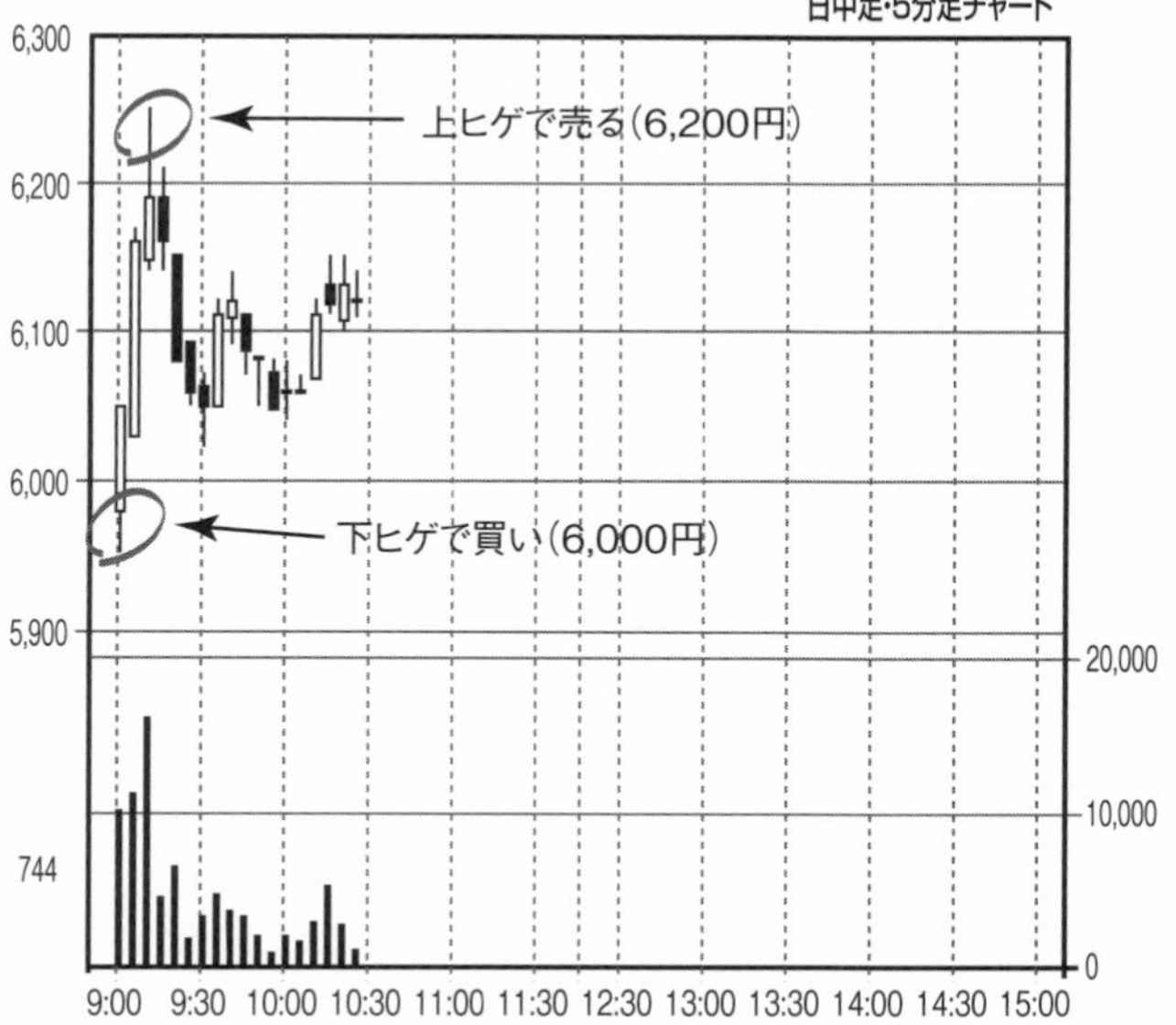

POINT

■ニューヨークの株価の動きを見て、出遅れ銘柄に目を向ける。

■値幅限界を決めておく。

トレンドを見ながら売り時を探す

株価は業績の良い銘柄だけにうまみがあるとは限らない。

ＮＴＮ（６４７２）が下落後に強い動きを見せた。

信用の空売りが積み上ったところへ、「踏み上げ」と言って、買い方が大量に買いを入れて、空売りの買い戻しを誘うものである。信用の売りは、経営状態が悪いのでまだまだ下がると見て下げの値幅を取ろうとするが、信用の売りが膨らむと、普通ならば買える状態ではないのに、売った人を恐怖に陥れる「買い上げ」を行い、損をしたくない売り方が買い戻す。この恐怖の買い戻しが利益になる。

この日は朝から大陽線で上げている。買いと売りのバランスが崩れての上げである。持ち合い放れを買う。２７７円で買った株価は出来高を伴って２８５円まで行くが、上ヒゲが出たので２８３円で逃げる。６円幅だが、１０００株でも瞬時に６０００円の利益が取れる。

株式投資は理屈ではなく、どちらに動くか、買いと売りのバランスがどのようになるかを見極め、その動きに乗って利幅を積み上げるのが理想的なのだ。

方向感をつかめれば、大きくとる戦法も

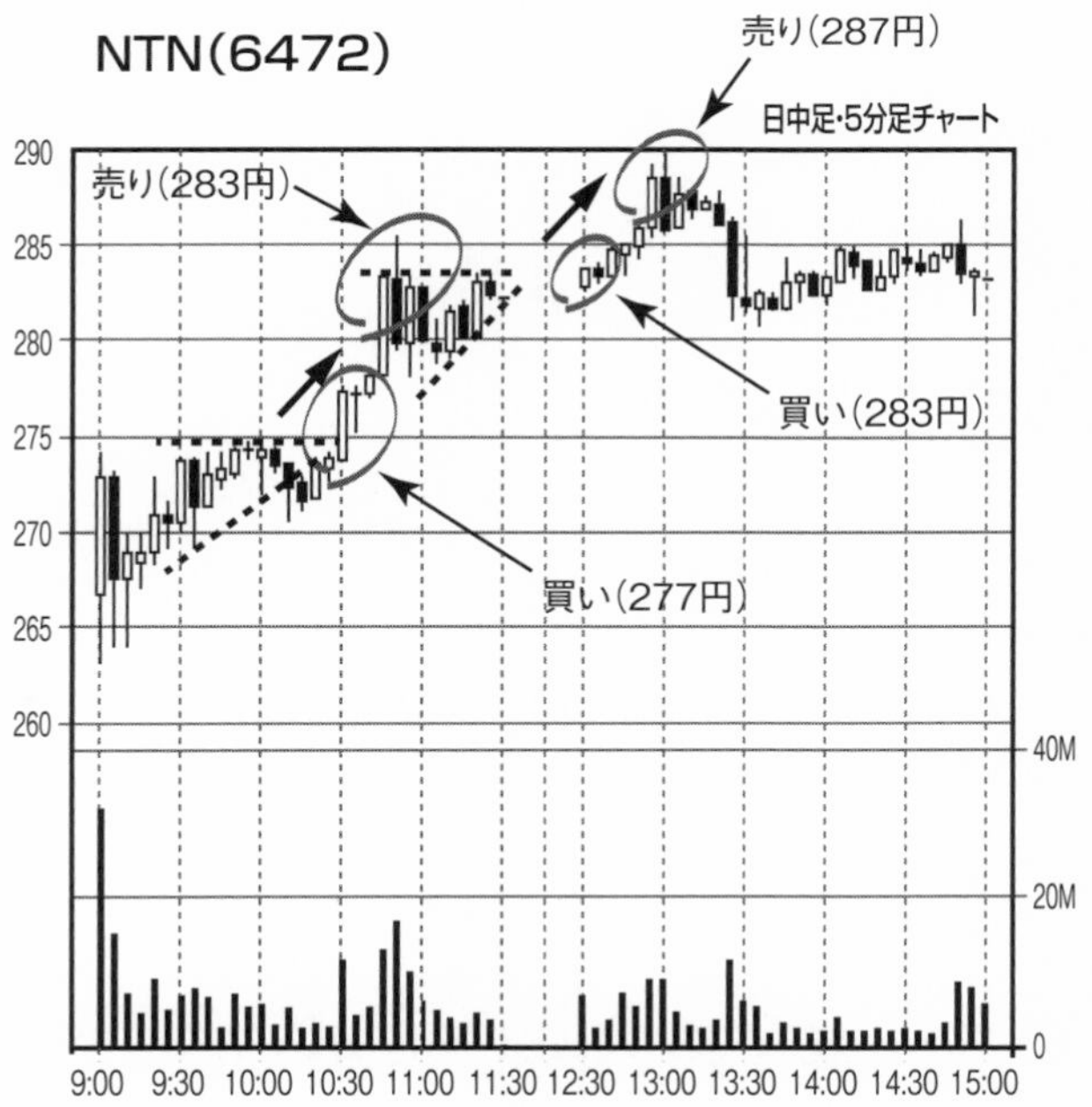

POINT

■株価に上下動が少ない銘柄なら、その日の方向さえつかめれば、大きく利幅を取ることも必要。

■その日のトレンドについていこう。

「持ち合い放れ」の上げについていく

取引時間が限られる中で株価の動きは様々変化する。次の株価を「どうなるか」と読むのが株式投資だ。しかし、正確には誰もわからない。わかるのは確率の問題である。

そこで、「持ち合い放れ」の上げを狙うことが有力になる。「持ち合い放れ」の例が多いが、これは頻繁に登場する場面であり、有力な基本的な手段だからである。

タムラ製作所（６７６８）を見ると、前場の後半と後場の1時過ぎに持ち合いがある。上値は押さえられるが下値がせり上がる形である。

これは、株価の上値には売りが待ちかまえているが、下値はせり上がり、ある程度下がっても押し戻されるということが考えられる。これがしばらく続く状態だ。

板を見ればさらにわかるが、上値を取りに行くときは、いきなり行かないときが多い。ある株価になると押し戻されるように売りが出てくる。これを何回かやっているうちに、いきなり売りが少なくなり、買いのほうが勝ってくる。

このうなると、今度は上げを確認するように買いがどんどん出てきて上値追いになり、この

「持ち合い放れ」は確率の高いデイトレができる

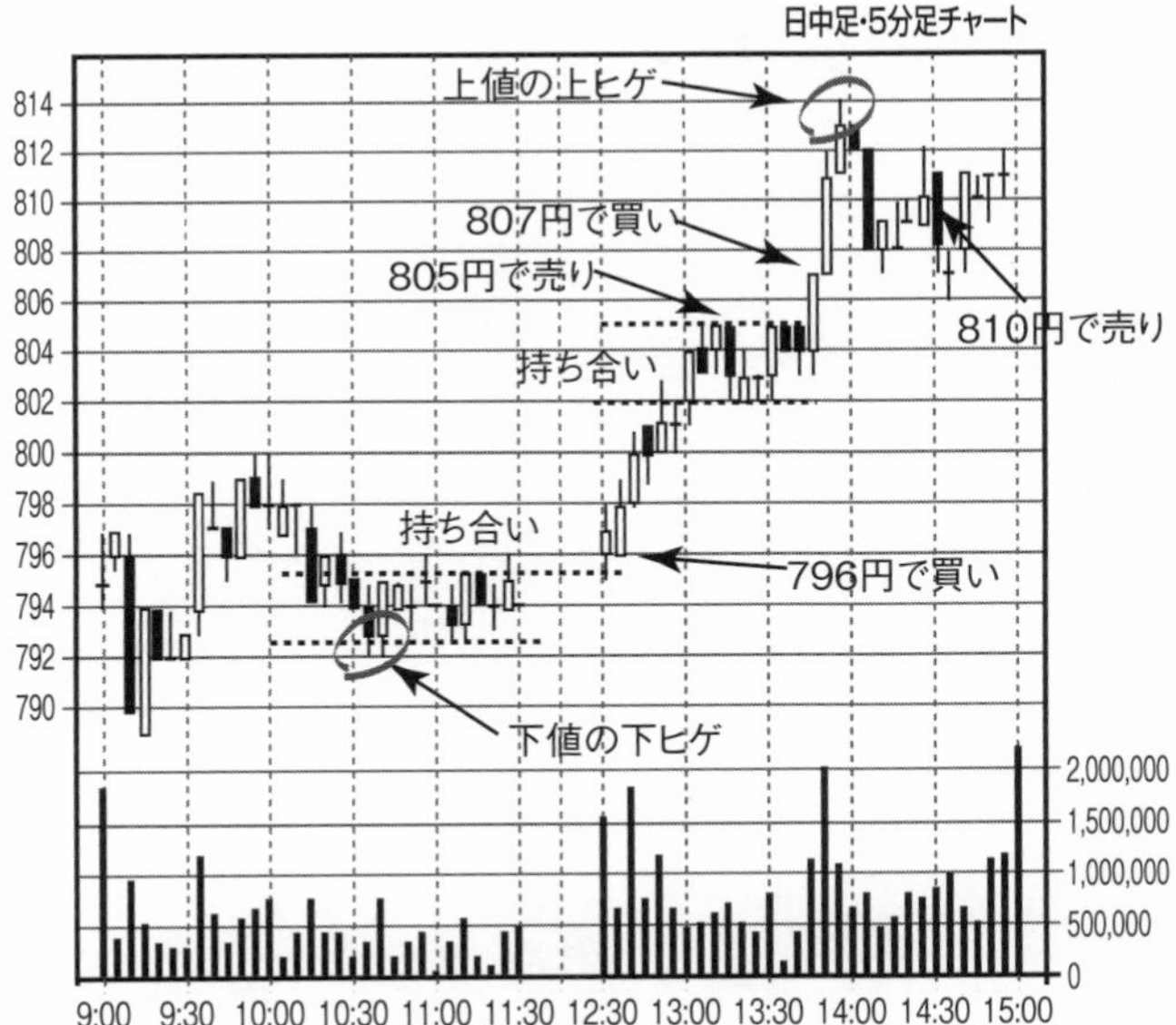

POINT

■「持ち合い放れ」の上値追いについていく。

■「持ち合い」は頻繁に登場する現象。その後の「放れ」をどう読むかがポイント。

タイミングをとらえるのがデイトレの勝利につながる。

この銘柄では、10時半過ぎから下値が堅くなり前場を終える。ところが、後場からはいきなり上値を取ってくる。「持ち合い放れ」である。ここでは「買い有利」となる。

796円で買う。後は805円まで一気だ。ここで9円幅を取る。1000株で9000円だ。

次は805円を上値にしばらく持ち合いが始まる。ところが、2時過ぎにいきなり上値取りになる。ここでは、素早く807円を買う。その俊敏さが大切だ。

その後で株価はぐんぐん上がるが、814円で頭を打つ。その後は陰線になる。ここが引き時である。すかさず810円の買い板にぶつけて売却。ここでは3円の幅を取る。合計で12円。1000株で1万2000円だ。

このような「持ち合い放れ」の形はいくらでもあるので、賢く使って利益を得ていきたい。

第2部

「板」情報で売買のタイミングを図る

1 「板」情報の基本

◆そもそも「板」とは何か

通常「板」と言われている株式用語は、ネットの取引では「気配値」という言葉で表されている。元々は黒板で売買成立していたので「板」という。一つの気配だけではなく、複数の気配を示すことで「複数気配」とも言われる。市場が開かれ、売買注文が出されているときに、それぞれの銘柄に対して、どのような売買の注文があるかを示したものだ。

これは取り引きしている各証券会社のサイトで見ることができる。板の形は若干異なるが、基本は同じだ。板情報には様々なデータが表示されるが、投資家が注視するのはあくまでも刻々と変動する気配値とその売買株数である。本書ではその板情報の概況表として掲載している。

次ページの表（①）はある日のヤマダホールディングス（９８３１）の板情報だ。株価は現在値で５０８円、前の営業日の大引けの株価に対して、１円高いことがわかる。

中央には「気配値」という金額が書かれて、左には「売気配株数」、右には「買気配株数」

が表示されている。

買気配の株数が７万２６００株ということで、前日終値と同じ５０７円ならば買いたいという株数が７万２６００株ある。一方、５０８円ならば売りたいという株数が１万９７００株あることを示している。

売買単位は１００株なので、気配株数は売買単位株数の幅を最低ロットとして上下する。

◆データは取引所に集まったもの

この板からわかることは、「指し値と成り行きで、買い注文は５０８円で成立する。売り注文は５０７円で成立する」ということだ。

これが、まず押さえるべき知識だ。

ところで、このデータは、東京証券取引所

ヤマダホールディングス(9831)の板情報 ①

複数気配		
売気配株数	気配値	買気配株数
22,000	512	
15,900	511	
30,400	510	
29,600	509	
19,700	508	
	507	72,600
	506	20,800
	505	20,200
	504	58,400
	503	22,000

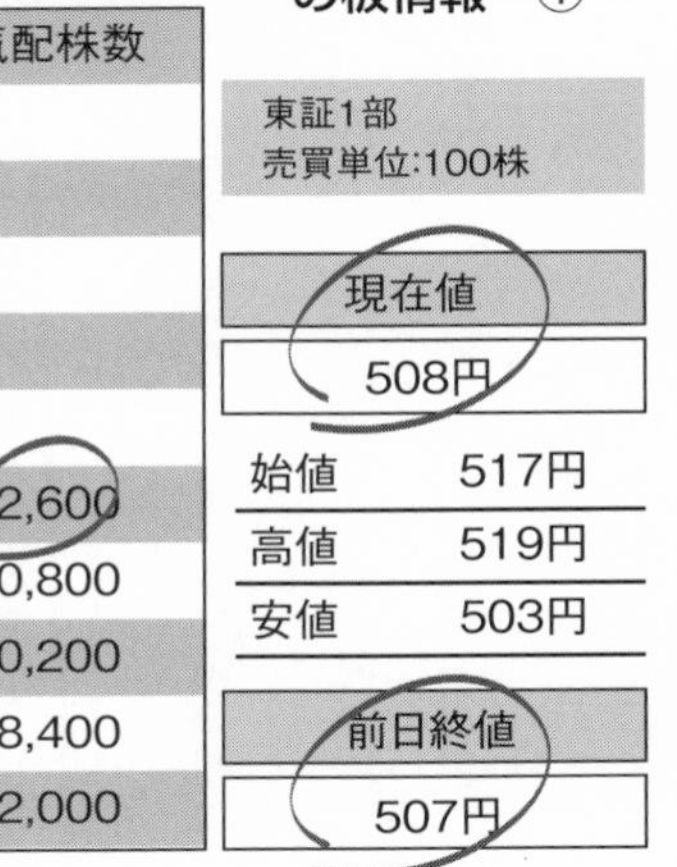

東証1部
売買単位:100株
現在値
508円
始値 517円
高値 519円
安値 503円
前日終値
507円

一部のこの銘柄に対する指値注文のこの価格での注文数を表示したものだ。株式の委託売買を任された証券会社を通じてここに集まる。

投資家はそれを「気配値」として、取り引きしている証券会社のホームページにログインすることで見られるのだ。その板の注文状況で売買の判断をし実行するためにはなくてはならないツールだ。

個人投資家のネットでの売買が始まるまでは、この板情報はもっぱら証券会社のものだった。しかし、ネット証券全盛で、「板」を個人も見られるようになった。今では当たり前である。投資家にとっては、これで素早いトレーディング（取引）ができるなど、投資環境が良くなったわけだ。その分、投資家の力量と瞬時の判断力が問われる。

◆売買成立の仕組みは

ある銘柄の売買を注文した場合、その注文は証券会社のコンピュータ経由で瞬時に東京証券取引所をはじめ、それぞれの取引所に送られて売買が成立する。

タイムラグはほとんどないので、板を見ていると自分の注文は即座に反映される。

ただ、証券会社のシステムにトラブルがあると、それは実行されない（結構多いので知っておくこと)。その間は復旧まで待つことになる。昔は証券マンを通じての売買だったが、ネット取引では、個人が直接気配値を見ながらリアルタイムの売買ができるようになった。

売買のタイミングは、この板情報を見ながら決めていく。売買する銘柄は業績面から考えるのは当然にしても、売買のタイミングが良くなければ利益は出せない。

明らかに下げ過ぎであれば買い、また買われ過ぎならば売る。

この投資行為は板情報なしには考えられない。株式投資での利益は、株価の変動そのもので得られるからである。

◆板から株価の動きを読むためには

ところで、この気配値は瞬時に変化する。時々刻々と売買が成立していくからだ。そこで板では、今この銘柄の株価が上に行くのか、それとも下に行くのかを見る。それで、上がりそうであれば買い、下がりそうならば売って逃げる。信用では「売り建て」を行う。

先のヤマダホールディングス(9831)の板(表①)では「買いに厚みがあるので、下値は堅い」、このように読む。そして、508円を成り行きか指し値で買うという判断をする。

そこで、この日の「大引け」の板を見よう(表②)。

結果的に、５１７円近辺で取引が終わっている。大引けで売るならば、５１６円の買いがあるので、８円幅の利ざやが取れたことになる。ただ、この板でもわかるように、上値には大量の売りが待っている。ということは、それより上の株価は今日の時点では無理であったことがわかる。

これはヤマダホールディングス（９８３１）の「5分足チャート」（図1）を見ても、その日の高値近辺で終わったことがわかる。これ以上の上値は相場環境がさらに良くないとあり得ないのだ。

この日の株価の勢いを見ると、大引け間際に勢いよく上げたので、「多分、明日の朝は強いだろう」という印象を持つのは当然だ。株式市場の外部環境にさしたるリスクがなければ、そのように考えて明日への「持ち越し」もいい。

しかし、最近は、世界中で様々なリスク要因がある。たとえば、今晩のニューヨーク株価が大きく下げれば、明日は朝から下げてしまう。それもギャップダウンして始まることが多い。

そのために、今日の利益は今日のうちに確定しておくというのがデイトレードの考え方である。

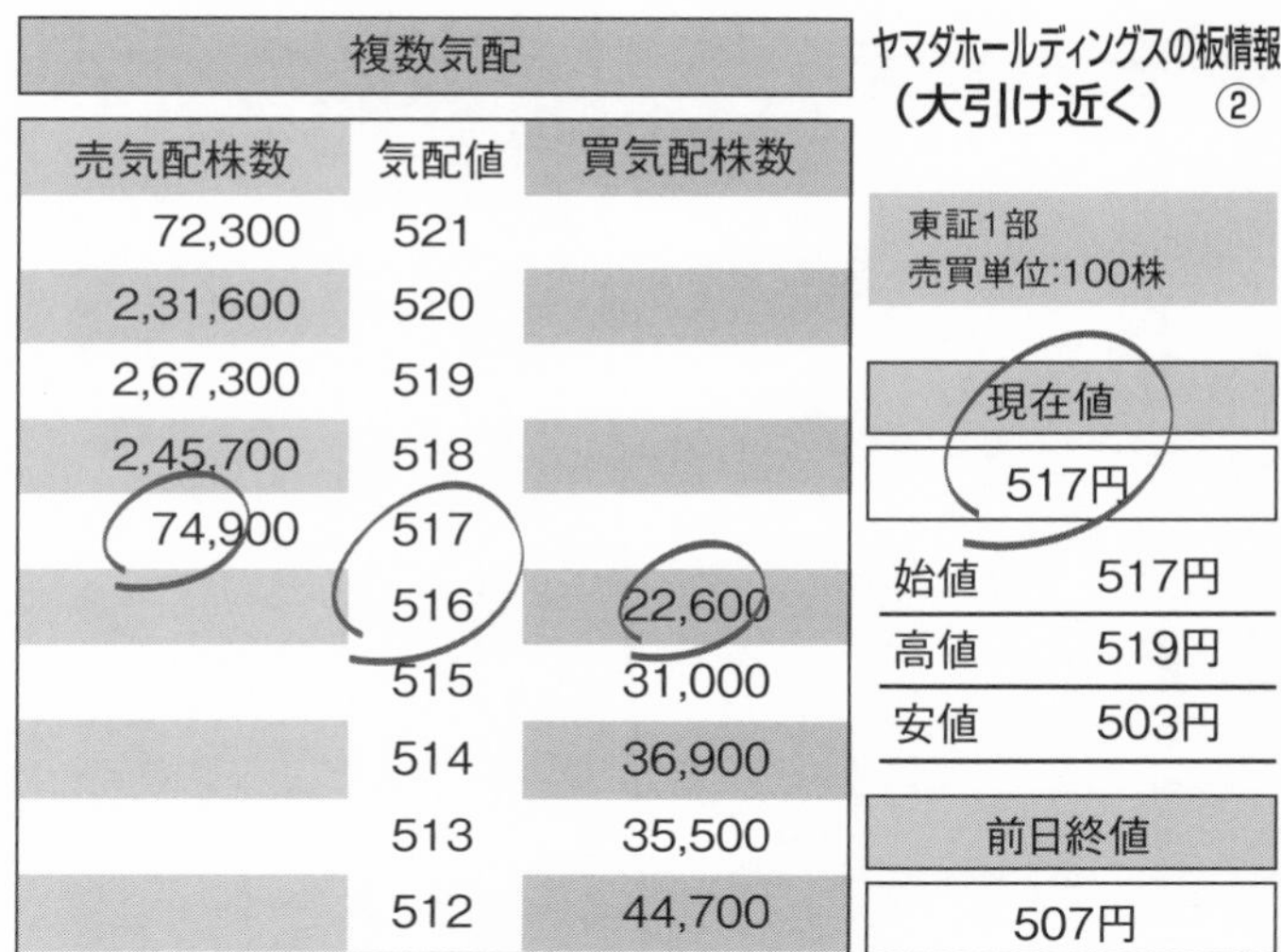

複数気配		
売気配株数	気配値	買気配株数
72,300	521	
2,31,600	520	
2,67,300	519	
2,45,700	518	
74,900	517	
	516	22,600
	515	31,000
	514	36,900
	513	35,500
	512	44,700

ヤマダホールディングスの板情報
（大引け近く）　②

東証1部
売買単位:100株

現在値
517円

始値	517円
高値	519円
安値	503円

前日終値
507円

図1　ヤマダホールディングスの日中足（5分足チャート）

2 売買のチャンスは「板に始まり、板で終わる」

ネットで株取引ができる今は、株の買い時、売り時を賢く行うために、「板情報」をしっかり読めるようにしておきたい。どのチャンスであれ、株を買うときは「1円でも安く」というのが条件である。そのためには、「売り、買い」の株数のバランスが見られる板は必見だ。ある銘柄を買うときに、チャートや業績を見て、さあ買おうということになるが、「朝の成り行き」で無造作に買うべきものではない。できるだけ「押したところ」で「指し値」で拾いたい。

株を買うときに大切なのは、その日の一番の安値で仕込むということだ。言うは易く行うは難しだが、タイミングとしてはニューヨークの株価が下げ、東京も下げている日が良い。なぜならば、いかなる優良の銘柄も、全体相場が下がっているとそれに「連れ安」しやすい。上げトレンドの銘柄でも安くなる。いわばバーゲン状態のときだ。

買うときは上がっているときに飛びつきやすい。これが人間の習性だ。下がっているときは買えないものだ。しかし、あえてそのタイミングを狙うのが賢い買い方になる。

この際、板だけでは株価の動きの方向性が見えないので、「株価の動き」をリアルタイムで表示する「ティック（Ｔｉｃｋ）チャート」も同時に見るのがいい。

どの銘柄でも、いきなりの「ストップ高」「ストップ安」でもない限り、取引時間中は株価が変動しているので、上下に株価が動く。それを簡単にビジュアルに見られるのが「ティックチャート」である。

買いのタイミングは、このチャートで株価が急落したタイミングがいい。

右肩上がりの銘柄でも、買いに対して売りも出てくるので、そのバランスで急騰・急落が必ずある。これは板を見ていても、急に「売りの株数が買いの株数より断然多くなってく

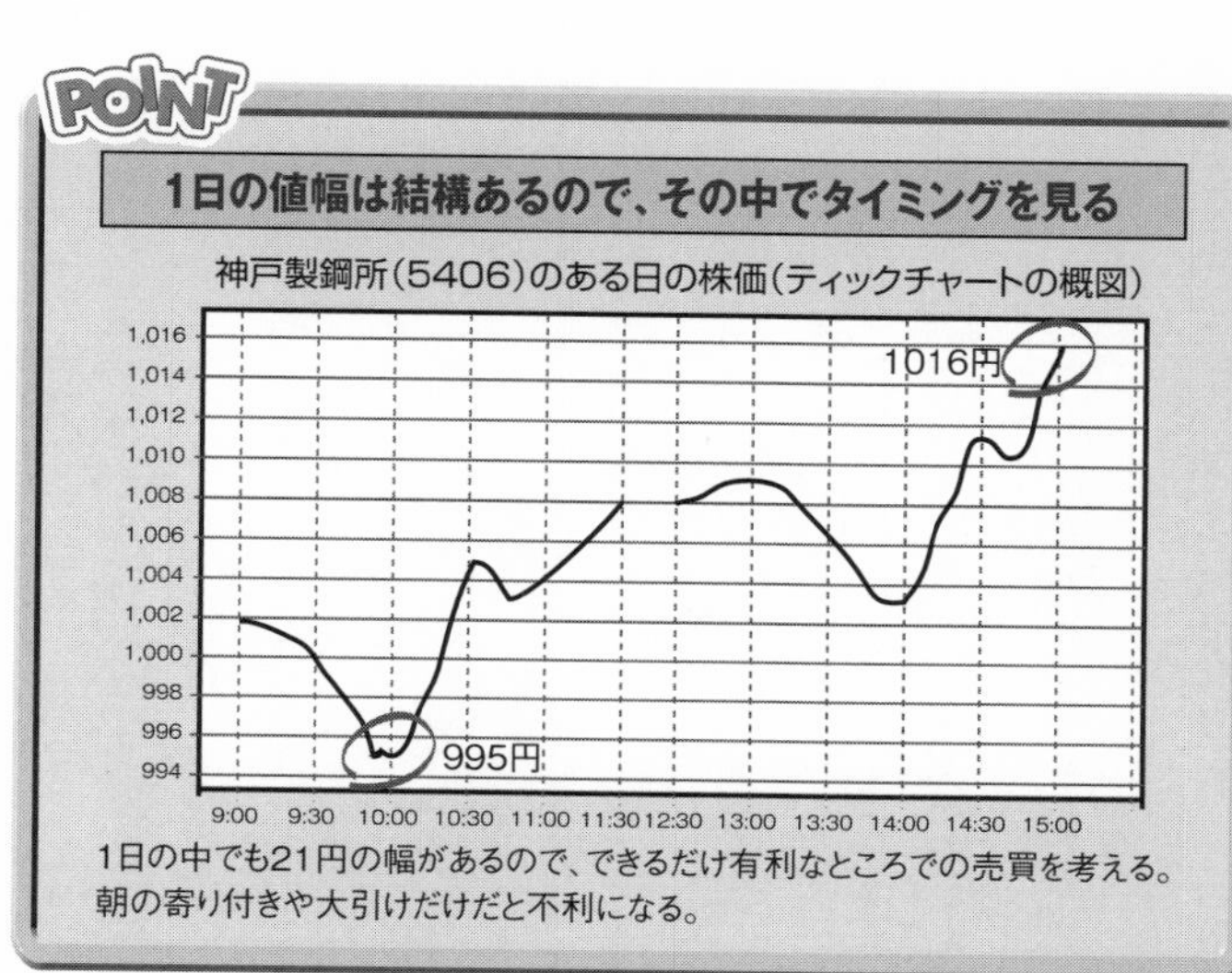

1日の中でも21円の幅があるので、できるだけ有利なところでの売買を考える。朝の寄り付きや大引けだけだと不利になる。

る」のでわかる。もちろん、人気銘柄ではそれも一瞬で、再び上げる。その上げの前の「急落」の場面で拾うのだ。

たとえば、市場の活況で値を上げたマネックスグループ（８６９８）の新高値をつけた日のティックチャートも見てみる。上げ下げを繰り返した後で高値をつけているので、その日の値幅は20円ほどある。だから、できるだけ安値で拾うことが大切になる。上手に９９５円で買えていれば、高値は終値の１０１６円なので、すでに20円の幅が取れている。あくまでも理想だが、１０００株で２万円である。

ここに板情報などでうまく買うタイミングをつかむ大切さがわかるであろう。

株価の動きは様々である。寄りからさしたる押し目もなく上げていくもの。逆にだらだらと下げていく形も珍しくはない。

しかし、ほとんどの銘柄は「上げ・下げ」を繰り返しながら売買が成立していく。上げ始めたらある程度は上がり、下げ出すと結構下げる。どこまで上がり、どこまで下がるかは誰にもわからないが、よほどの材料でもない限りは「そこそこ」の水準で止まるので、「波乗り」の気持で売買するのが良い。

なお、証券会社によっては、ティックチャートを表示していない会社もある。

3 板はある程度の厚みのある銘柄に挑む

どの銘柄を買うかだが、できればそこそこの出来高が欲しい。なおかつ、できれば「値動きが荒すぎない」ほうが売買しやすい。

下表にある銘柄のどちらがいいかと言えば、「厚い板」だ。双方とも1000株単位の売買だが、厚いほうは売り買いとも注文が多いので、指し値、成り行きとも売買しやすい。株価の表示も1円単位なので、めまぐるしく変わることはない。その分、あわてないで売買ができる。

「厚い」板

売	気配値	買
6,900	731	
44,000	730	
24,700	729	
19,800	728	
11,800	727	
	726	9,000
	725	11,000
	724	11,800
	723	10,600
	722	14,500

「薄い」板

売	気配値	買
300	1192	
100	1191	
400	1190	
300	1189	
100	1188	
	1186	100
	1182	100
	1181	100
	1180	600
	1176	100

一方で、薄いほうの板は、注文が売買ともに少なく値動きが荒く、株価の変動も予測が難しい。とくに新興市場の銘柄は浮動株が少ないので気配値がめまぐるしく変わる。株価も急変するものが多くあり、これ自体が一部の個人投資家に好まれる傾向があるが、ともすると「投機化」の様相があり、株価の動きが急で翻弄されやすいので注意が必要だ。

左下に2つの板の一部を挙げておこう。東証一部の銘柄で、上はマネックスグループ（8698）、下はソフトバンク（9434）だ。明らかに出来高のボリュームが違う。マネックスグループが1万の単位であるのに対して、ソフトバンクは多くて千単位までの板、少ないものは数百株の気配である。どちらが人気銘柄かは明らかにわかるであろう。

マネックスグループの板は厚いので、1000株の買いを出してもびくともしない。だから、買いやすく売りやすい。なぜならば、自分の注文で株価を変えることがないからである。

さらに、株価の動きも売り買いの板がなだらかに増減しているので、落ち着いて見られる。買いが増えて上がるとき、逆に売りが増えて下がるときも、板の数字を見ていれば様子がつかめる。だから売買しやすいのだ。マネックスグループの終値の板だが、1016円の「売り」は5万6300株を残している。一方、買いのほうは1015円に5千株だ。

この日の最後に上がったことを考えると、「成り行き」で、売りをどんどん飲み込んでいったことがわかる。それでも、５千株もあれば、その減り方もわかるので、それほどあわてないで見ることができる。一般的に新興市場の人気の銘柄の板は動きが早すぎて「売りと買い」の株数のバランスを見ていてもわからない。

あまりにも激しく変わるので、「板が役に立たない」状況になる。目が回るような動きで、個人好みは新興市場だが、博打性が高く、落ちついた取引には向いていない。

だから、落ち着いた取引は、板がそこそこに動き、売買のタイミングがとりやすい東証一部の人気銘柄が良い。

POINT

板は「適度に厚い」ほうがやりやすい

マネックスグループの（８６９８）板の一部

売	気配値	買
12,200	1017	
56,300	1016	
	1015	5,000
	1014	4,900

ソフトバンクの（９４３４）板の一部

売	気配値	買
1,800	1422	
800	1421	
	1420	700
	1419	3,800

売買単位はいずれも100株

株価が上がるとき、下がるときの板の変化

◆「買い板が厚い」というのは

気配値で「買い」の注文が、「売り」に対して圧倒的に多いときは「買い板が厚い」という言い方がされる。売りよりも買いのほうがきわめて多ければ、「買い」に対応できる株数が足りないので株価は上がる。上がれば「上値がある」という考え方の人が増えるので、「我先」に「売り気配」の株を「成り行き」で買うのだ。

そうなると、高値でなければ株は買えないので、「買い気配」はぐんぐん上がっていく。ただ、あまりにも上がってしまった株価では、利益確定の売りが出やすいので深追いは禁物だ。買いが多い板への対応は「買い板が厚くなってきた」という「変わり目」のときに即応しなければならない。

また気をつけなければならないのは、売りの株数が「成り行きの買い」でどんどん食われて少なくなるときだ。とくに大口の買いがあるときは、一気に売りの株数が消えていく。急激に上がるときはめまぐるしく売り板が食われていく。

これは板の買いと売りの株数のバランスに関係ない。「なぜか、売り板がガンガン食われる」というのは、板に出てこない成り行きの買いが売り板を食っているためだ。

この動きには、「急騰」を予感させるものがある。

上げるときは、あれよあれよという間である。このようになったときは、何かの材料が出たときだ。証券会社の「目標株価引き上げ」「商品市況の変化」「円の急激な下落」「業績の増額修正」などだ。

この材料があると、いっせいに買いが入ってくるので板はめまぐるしく変わる。

株価は「売り」「買い」のバランスで動くが、その裏には様々な材料、意図的な買い上がりな

POINT

「買い」の多い板は買いシグナル

売	気配値	買
1,900	182	
1,100	181	
1,900	180	
3,100	179	
800	178	
	177	10,700
	176	5,800
	175	7,500
	174	1,900
	173	900

「売り」に比べて「買い」が圧倒的に多い。
これは株価が急上昇するシグナルになる。

どが行われる。

個人がこの売買でやりがちなのが、買うときはその日の「最高値」近辺で買い、売るときはその日の「最安値」近くで売ってしまうのだ。

これは、高値で売ろうとしても、板を見ているうちに、じりじりと下げてくるときである。「早く売らなければ……」と焦るからだ。

売ったときが「最安値」だった。逆に買うときは「安値」を狙って見ていても、するすると上がる。これでは間に合わないとばかりに、飛びつくとそこが高値であったりする。

事実、売買が成立しているので、買う人がいて、売る人がいるということなのだ。だから、一番有利な株価を狙わないで「そこそこ」を狙うほうが結果は良い。

◆「売り板」が厚くなったときは

その銘柄に人気がなくなったり、高すぎて利益確定が多くなるとか、減益などの悪材料が出ると売りが急に増える。このときの板は「売りが急増」となる。

買い株数は少ないのに売りがまとまってくる。この力関係で見れば、株価下落は明らかだ。

この銘柄は買いではなく、利益確定、様子見となる。信用では「売り建て」の場面だ。

注意したいのは、株価が安いから「買い得」と考えてしまうことだ。株価が下がっている最中はさらに下がる可能性が高いので、そのタイミングでは買ってはならない。しばらく様子を見て「下げ止まり」の場面を待つのである。

売り・買いとも少なくなり、値動きも閑散になったときが「下値拾い」のチャンスだ。

株価がいきなり下げていくときの板のバランスを見てみよう。株価は売りと買いのバランスで上げたり下げたりしている。

板を見ていて、売り板がどんどん食われて数値が小さくなると、その上の板が食われていく。これが上げだ。ところが、ある株価になると、今度は売りの株数が急に増えてくる。買いの株

POINT

「売り」の多い板は売りシグナル

売	気配値	買
24,700	2110	
20,300	2105	
25,200	2100	
29,600	2095	
20,100	2090	
	2085	4,100
	2080	3,200
	2075	5,400
	2070	5,200
	2065	10,300

「買い」に比べて「売り」が圧倒的に多い。売り圧力があるため、株価は下がる。

数に比べて圧倒的に「売り」が出てくる。そうすると、今度は買い板がどんどん食われて株価が下がってくる。売り玉がどんどん押し寄せて株価を押し下げてくる。

これが典型的な下げのときの板の状況だ。見ていても、「どこまで下がるんだろう」という恐怖に襲われる。だから、安値で買いたい人も「まだ下がるのでは」という気になり、買いの注文を出さない。

一方、売りたいと考えている人は、「今、売らないとさらに下がる」という強迫観念に襲われる。

それで「投げ売り」のように売りが出てくる。やがて、下げが止まる。セーリングクライマックスだ。

それが終わると、今度は上げていく。当面の売りが途絶えたので、買いのほうが強くなり、それを見て「今買わないと」という心境から、買いがどんどんわき上がり、急騰する。

まさに、相場とはこのようになっているのだ。人間の心理が丸出しになるのである。もちろん陰で株の買い煽り、売り煽りをしている「仕手系」や「外国人、とくにヘッジファンド」「機関投資家」などの動きも無視はできない。

株価の変動は市場に参加している人の売買の総合で成り立つが、その動きは人の心理状態で増幅される。「売られ過ぎ」「買われ過ぎ」が起きて、株価が上に下にぶれるのはそのためである。

大切なのは「最も有利な条件」を望まないことだ。一番下げたときを狙おうとすれば、急落でつかむことになる。

「落ちてきたナイフ」をつかむのだが、それは危険である。多少不利でも「リバウンド」を確認して買うほうがいい。売るときも同じである。

POINT

「買い」が食われると株価は下がる

下がるときは売り板が大きくなる

売	気配値	買
12,200	1017	
56,300	1016	
	1015	5,000
	1014	4,900

大きな売り

下げのときの板は心許ない

売	気配値	買
1,800	996	
800	995	
	994	700
	993	3,800

寄り付き前後の板が面白い

◆寄り付き前の板

「板」の読み方の基本がわかったところで、少し実際の動きを追ってみよう。

「ヤマダホールディングス」（９８３１）の翌営業日の朝からの板の動きを追ってみよう。翌営業日の朝になると、前の取引は帳消しになるので、次ページ①のような空白の板になる。ここに、その日のあらたな注文が入り、「板情報」となる（表②）。

ところが、前の日と注文状況が変わっていることに気がつく。前の日の「大引け」では「売り気配」が５１７円だったのに、今日の寄り付き前では５１８円になっている。「今日は買いが少し強い」ということが「板」に表れている。しかし、これは時間とともに変わる。寄り付き前の注文はどんどん変わるのだ。

次の瞬間では（表③）、逆に買い気配が下がり、売りも下がっている。この株への見方が弱くなってきたのか、その動きがわかる。相場の参加者が「弱気の見方」に変わってきたことがわかる。

ヤマダホールディングスの板情報（寄り付き前）①

売気配株数	気配値	買気配株数

気配値が表示されていない寄り付き前の時間帯のもの

東証1部
売買単位:100株

現在値
-------円

始値	------円
高値	------円
安値	------円

前日終値
517円

ヤマダホールディングスの板情報（寄り付き前）②

売気配株数	気配値	買気配株数
12,400	522	
29,000	521	
105,700	520	
26,900	519	
75,000 前	518	
	517	前 75,500
	516	1,400
	515	4,300
	514	4,600
	513	8,600

東証1部
売買単位:100株

現在値
-------円

始値	------円
高値	------円
安値	------円

前日終値
517円

寄り付き直前には気配値がどんどん下がり、結果的に寄り付き値は前の日よりも4円も安い513円で始まった。その後の動きは「5分足チャート」によく表されているが、前場は少し上がっていくも、後場になると、全体相場に引きづられる形で、右肩下がりにじりじりと下げて、結果的に大引け近くでは508円で終わっている。

このように、板情報だけではわかりにくいが、チャートで見るとよくわかる。

ヤマダホールディングスは大型株なので動きも緩慢だが、これが小型株になれば急騰・急落になるので目が回るようになる。中期的な投資ではこの板は気にしないでいいが、デイトレでは必須となるのがわかる。

ヤマダホールディングスの板情報（寄り付き直前）③

東証1部
売買単位:100株

複数気配		
売気配株数	気配値	買気配株数
111,200	520	
34,400	519	
16,300	518	
9,800	517	
92,400 前	516	
	515	前 105,100
	514	13,100
	513	32,900
	512	2,700
	511	4,500

現在値	
	-------円
始値	------円
高値	------円
安値	------円
前日終値	517円

中級

複数気配		
売気配株数	気配値	買気配株数
24,800	512	
23,600	511	
72,200	510	
89,900	509	
66,400	508	
	507	77,300
	506	86,500
	505	122,500
	504	51,000
	503	43,300

ヤマダホールディングスの板情報（大引け近く） ④

東証1部
売買単位:100株

現在値	
508円	
始値	513円
高値	516円
安値	507円
前日終値	
517円	

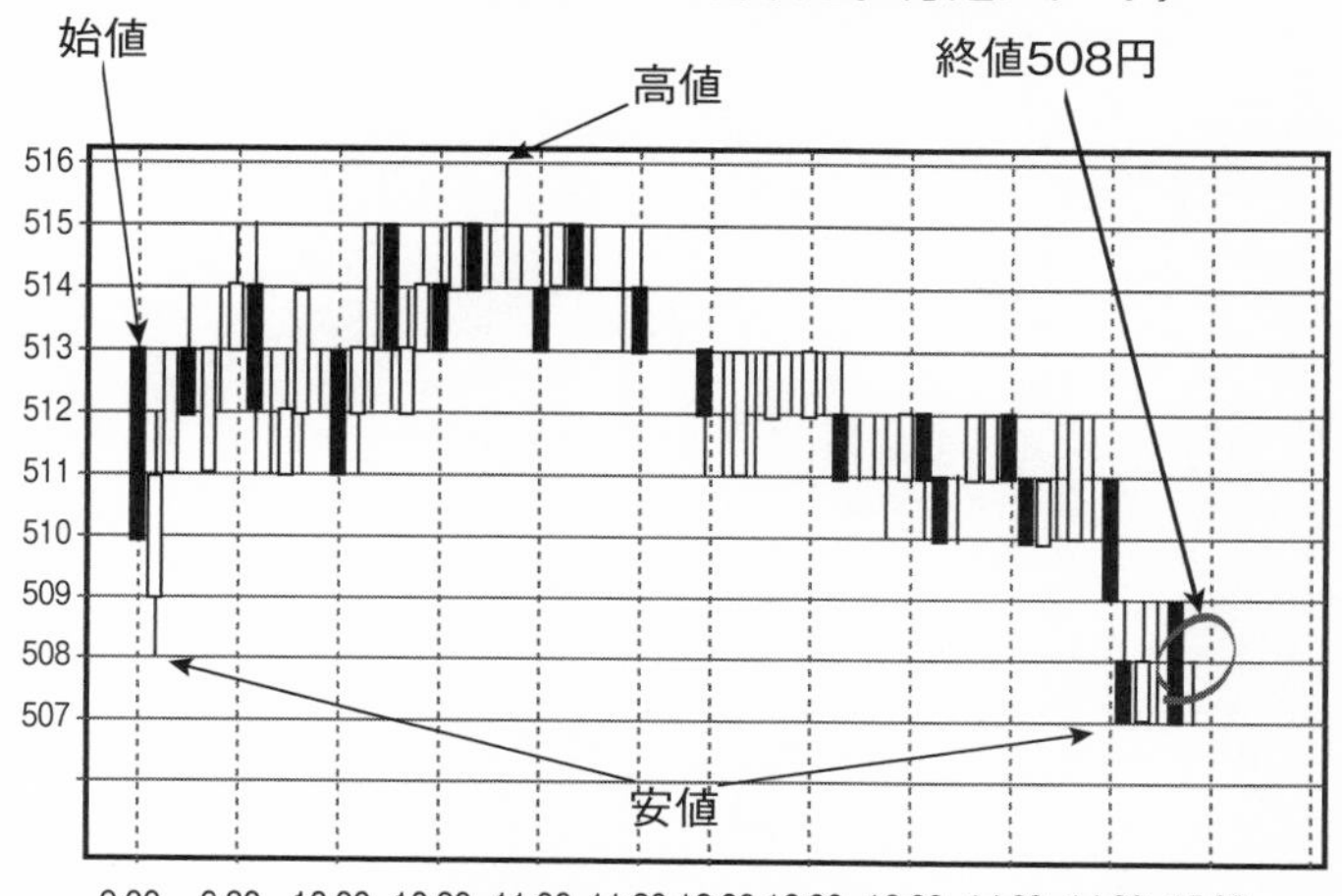

急騰の板を見る

中級

◆寄り付き前後の「板」情報の値動きを見る

もう少し寄り付き前後の動きを詳しく追ってみよう。

株価は様々な材料で乱高下する。特に小型の銘柄は、大きな買いが集まると売りは引っ込むので、一方的な値動きになり、ストップ高になりやすい。

ここに挙げた多摩川ホールディングス（6838）は、2017年の年明けに、5G関連（第五世代移動通信システム）で急騰した。中国の通信大手が2020年までに5兆円を投じて通信網を整備するとのニュースに反応して、関連の銘柄とともに買いが集まったわけである。

さて、このストップ高を受けて、翌日の株価の動きで利益確定のチャンスがあるのか。朝の8時から表示されるネット証券の板情報をもとに、株価の値動きの特徴を追ってみよう。

前の日に892円から一気に150円のストップ高を演じて、1042円で引けている。朝の8時22分の板を見ると（表①）、やはり、人気先行で1226円の気配値がつき、成り行きの買いも売りの倍近くある。

多摩川ホールディングスの寄り付き前の板 ①

<AM 8:22>

東証1部
売買単位:100株

複数気配			
売気配株数		気配値	買気配株数
23,500		成行	46,200
58,800		OVER	
100		1,241	
100		1,240	
500		1,238	
100		1,234	
200		1,232	
51,300	前	1,226	
		1,226	前 51,300
		1,222	100
		1,219	200
		1,210	500
		1,200	200
		1,192	100
		UNDER	72,800

現在値	
-------円	
始値	------円
高値	------円
安値	------円
前日終値	
1,042円	

多摩川ホールディングスの寄り付き前の板 ②

<AM 8:38>

東証1部
売買単位:100株

複数気配			
売気配株数		気配値	買気配株数
29,200		成行	52,100
71,500		OVER	
400		1,219	
100		1,218	
100		1,213	
800		1,210	
100		1,201	
63,500	前	1,200	
		1,199	前 62,400
		1,198	100
		1,192	100
		1,182	100
		1,180	100
		1,163	100
		UNDER	78,000

現在値	
-------円	
始値	------円
高値	------円
安値	------円
前日終値	
1,042円	

果たしてどうなるか。少しずつ板の変化を追っていこう。

8時38分の板を見ると（表②）、相変わらず買いが優勢だが、気配値は1200円と若干落ちてきている。こうなると、前の日に買った買い方は、利益確定に出てくる可能性が高い。傾向として、できるだけ有利に値幅を取りたいからだ。そうではなく、朝一からストップ高に張り付いてしまえば、まだ上がるという観測から売りはあまり出てこない。

しかし、この銘柄の板を見ると、9時に取引が始まる前に弱さが感じられる。そうなると、売り急ぎの傾向が出てきやすいのだ。

次の気配を見てみよう。

8時59分、取引開始直前の板である（表③）。

じりじりと気配は下がり、1160円である。もちろん、前の日の終値である1042円から比べれば100円以上高いので、前日までに買った人には問題はないが、気配値が落ちてくるようだと売り急ぎになるので、たとえ前の日に比べて高く始まっても「我先の売り」が出てきやすい。

さて、9時になった（表④）。気配値は1072円の「特買」である。

この気配は寄り付き前の1159円ではなく1072円である。

多摩川ホールディングスの寄り付き前の板 ③
<AM 8:59>

東証1部
売買単位:100株

売気配株数		気配値		買気配株数
55,200		成行		70,000
126,900		OVER		
10,200		1,172		
7,000		1,170		
200		1,169		
100		1,165		
100		1,161		
87,600	前	1,160		
		1,159	前	86,800
		1,151		100
		1,150		1,100
		1,145		200
		1,140		200
		1,138		100
		UNDER		10,500

現在値	
-------円	
始値	------円
高値	------円
安値	------円
前日終値	
1,042円	

多摩川ホールディングスの寄り付き前の板 ④
<AM 9:01>

東証1部
売買単位:100株

売気配株数	気配値		買気配株数
59,000	成行		76,700
175,300	OVER		
100	1,090		
1,000	1,085		
900	1,080		
200	1,078		
100	1,077		
68,500	1,072		
	1,072	特	122,600
	1,071		100
	1,070		900
	1,065		100
	1,062		300
	1,061		100
	UNDER		75,000

現在値	
-------円	
始値	------円
高値	------円
安値	------円
前日終値	
1,042円	

なぜか。

通常の寄り付きは「ザラバ方式」と言って、言うならばオークション方式で売買が成立する。オークションだから、ある株価で売る人、買う人の数量が合わないと成立しない。わずかな差ならば、すぐに売買の注文が出てきて、株価が形成される。

ところが、この銘柄は寄り付きであまりにも多い買い注文。約2倍なので、気配が出ても売買は成立しない。

そこで、いきなり成立する株価まで上げてしまうかどうかだが、そうするとリスクが高すぎる株価形成になるので、株価水準にもよるが、一定の値幅を取引所で決めている。

この銘柄は前の日に１０４２円で終わっているので、それに30円上乗せされた株価、すなわち１０７２円で「特別買い気配」として表示される。

この意味は、「ザラバ方式」ではなく「板寄せ方式」と言われる。１０７２円の板を表示して5分間だけ待つことになる。その間に買い株数に見合った売りが出てくれば１０７２円で売買が成立する。しかし、圧倒的な買い気配のときは「今売る必要はない」という心理が働くので、通常はこの株価で売買が成立することはない。

それで5分間経過後には、次の気配が表示される（表⑤）。

複数気配

売気配株数	気配値		買気配株数
66,800	成行		81,800
173,800	OVER		
500	1,120		
100	1,119		
100	1,118		
100	1,109		
300	1,107		
88,200	1,102		
	1,102	特	110,700
	1,101		100
	1,100		7,500
	1,096		100
	1,092		500
	1,091		1,000
	UNDER		88,500

多摩川ホールディングスの寄り付き前の板 ⑤
<AM 9:05>

東証1部
売買単位:100株

現在値	
-------円	
始値	------円
高値	------円
安値	------円
前日終値	
1,042円	

複数気配

売気配株数	気配値		買気配株数
69,900	成行		91,000
168,900	OVER		
100	1,141		
3,100	1,140		
100	1,138		
100	1,135		
700	1,133		
108,700	1,132		
	1,132	特	120,600
	1,130		800
	1,127		100
	1,125		300
	1,123		300
	1,120		1,200
	UNDER		103,900

多摩川ホールディングスの寄り付き前の板 ⑥
<AM 9:07>

東証1部
売買単位:100株

現在値	
-------円	
始値	------円
高値	------円
安値	------円
前日終値	
1,042円	

1102円である。その株価の幅はやはり30円だ。ここで買いが11万700株であり、売りは8万8200株だ。

まだ同じ株数にはならない。このまま売りが出てこなければ、気配値はさらに上がる。

9時7分の気配は1132円（表⑥）。さらに30円上がる。

ここで買いが12万6600株さらに増えるが、ここまでくると、さすがに売りも増えてくる。10万8700株。もう一息だ。

9時8分で板を見たときは（表⑦）、あっという間に寄り付いた後だ。売買の成立だ。1132円。寄り付きの株価である。

結果的に、30円ずつ、3回株価が上がったところで売りがどっと出てきて売買成立。前日比では90円高だ。前の日が150円ストップ高で終わったことを考えると、売り物が多いことがわかる。

9時10分には1095円（表⑧）。寄り付きから比べたら、あっと言う間に40円近くも下げてしまう。売りが売りを呼んだ陰線である。

こうなったら、売り時を逃したくない気配値なので、株価はどんどん下げていき、30分後に板を見ると（表⑨）、下値は1075円まであったことがわかる。

中級

複数気配		
売気配株数	気配値	買気配株数
	成行	
193,700	OVER	
100	1,122	
100	1,121	
200	1,120	
200	1,119	
200	1,117	
300	1,116	
	1,114	300
	1,113	700
	1,112	200
	1,111	1,600
	1,110	2,000
	1,109	200
	UNDER	107,200

多摩川ホールディングスの寄り付き後の板 ⑦
<AM 9:08>

東証1部
売買単位:100株

現在値	
1,112円	
始値	1,132円
高値	1,140円
安値	1,111円
前日終値	1,042円

複数気配		
売気配株数	気配値	買気配株数
	成行	
198,200	OVER	
600	1,102	
100	1,101	
300	1,099	
500	1,098	
400	1,097	
200	1,095	
	1,093	200
	1,092	100
	1,091	100
	1,090	100
	1,089	200
	1,088	800
	UNDER	105,800

多摩川ホールディングスの寄り付き後の板 ⑧
<AM 9:10>

東証1部
売買単位:100株

現在値	
1,095円	
始値	1,132円
高値	1,140円
安値	1,088円
前日終値	1,042円

ただ、次の5分足で下ヒゲをつけたので、目先の売りは一段落。反発に入る局面か。ここは板ではなく、5分足で株価の方向性を探る（図1）。

1080円で買いを入れられる。その後は、逆に大きな陽線。株価は「行って来い」となる。ただ、この日の全体の株価は下げているので、5本目の5分足、すなわち25分後には陰線となるので、ここは逃げ場となる。

このように、寄付きから下げる板は、昨日のストップ高の勢いはなく、売り優勢となるので、深追いは禁物である。

朝の8時22分の1226円が単なる気配であり、実際には、この日の株価は寄り付き天井となっていて、朝一番で買うと含み損になることがわかる。

昨日の足が下ヒゲ陽線だが、今日は大陰線となってしまった。用心しなければならない。もちろん、信用での売り立てを仕掛けるには都合の良い板の動きでもある。

複数気配		
売気配株数	気配値	買気配株数
	成行	
190,800	OVER	
700	1,118	
100	1,117	
100	1,115	
500	1,113	
100	1,112	
200	1,111	
	1,106	200
	1,105	900
	1,104	600
	1,103	500
	1,102	500
	1,101	1,000
	UNDER	136,200

多摩川ホールディングスの寄り付き後の板 ⑨

<AM 9:30>

東証1部
売買単位:100株

現在値	
1,088円	
始値	1,132円
高値	1,140円
安値	1,075円
前日終値	1,042円

図1　多摩川ホールディングスの日中足(5分足チャート)

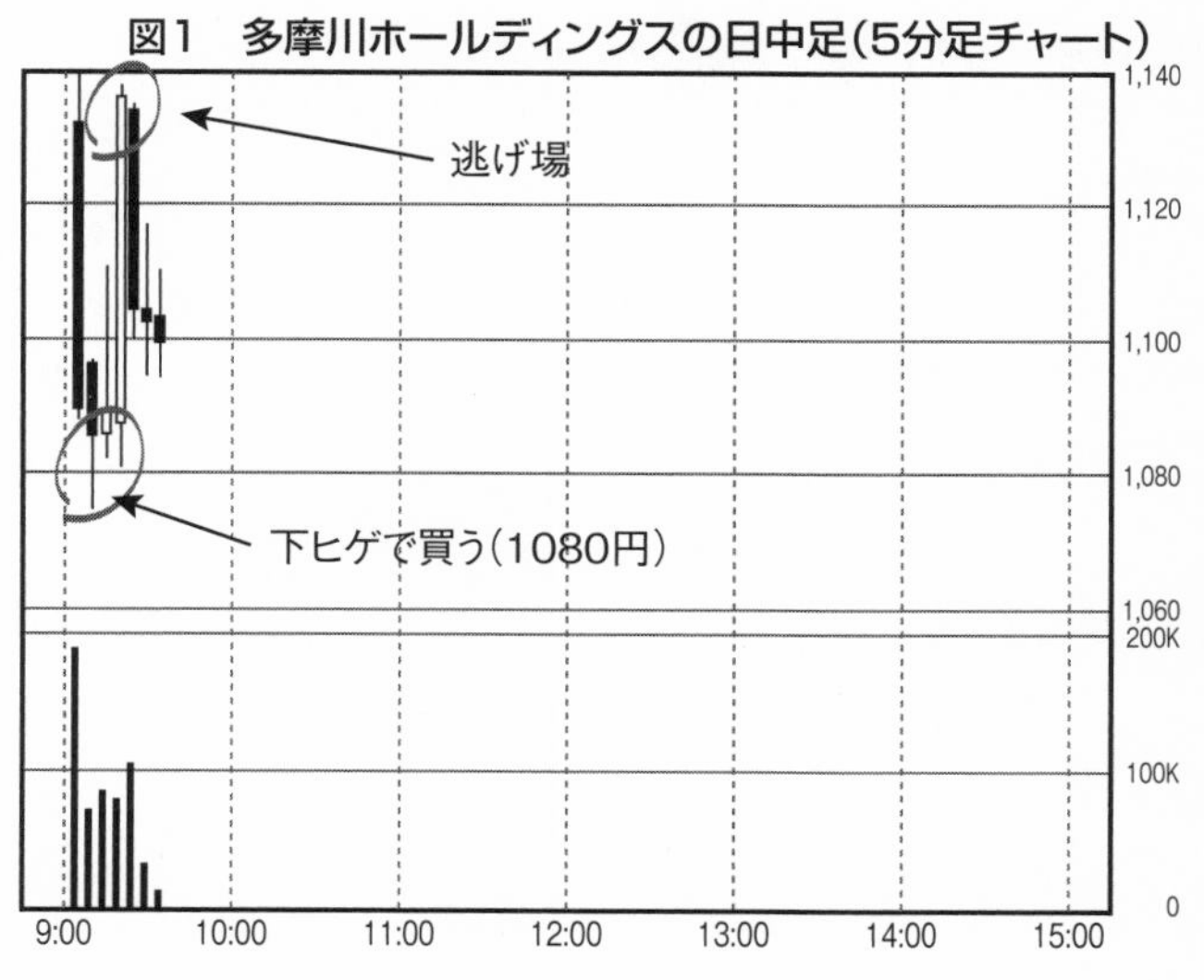

円高に強い銘柄を狙ってみる

さて、板情報とチャートからの投資機会の捉え方の基本がわかったところで、ここからは上級（編）として、より実戦的なトレードを紹介していこう。

東京市場の株価は為替の動向にされやすく、円高では売られて下げ、円安で買われて上げる傾向がある。

２０２０年末のバイデン相場では、円安が急激に進んだために日経平均も3万円に迫ろうとしていた。ところが、年が明けてからは、バイデン大統領の景気対策が明確でないどころか、日本を名指しした輸出に対しての球が多く投げられ、輸出企業の多い東京市場は大きく翻弄され、一時円高が進んだ。

しかし、わが国の輸出型の企業の中には、円高に強いところがある。その代表がドル建てで多くの商売しているソニー（６７５８）である。

そこで、円高傾向になっている時点で、この銘柄を朝から追ってみる。

上級

ある朝の寄り付き前の株価を追ってみる。

8時26分の板は（表①）、前日の終値が9504円だったのに対して、9466円の買い気配。大分弱い。円高が材料にはならないで、先物相場の弱さに引きずられた模様である。

寄り付き直前の8時54分の板を見ると（表②）、9450円買い。成り行きの注文を見ると、買いに対して売り板のほうが倍近く多い。明らかに弱い板である。

果たして、弱く寄り付いて、そこからの反発があるのか、注意深く見てみる。

いよいよ寄り付きである（表③）。

それもそのはずだ。朝から為替は円高から若干円安に振れて、109円割れから110

ソニーの
寄り付き前の板　①
<AM 8:26>

東証1部
売買単位:100株

複数気配		
売気配株数	気配値	買気配株数
74,200	成行	42,800
1,330,100	OVER	
100	9,489	
200	9,485	
300	9,480	
100	9,470	
400	9,469	
100,300　前	9,467	
	9,466	前　101,100
	9,465	2,200
	9,464	500
	9,463	600
	8,462	500
	9,461	700
	UNDER	386,800

現在値	
——円	
始値	——円
高値	——円
安値	——円
前日終値	
9,504円	

複数気配		
売気配株数	気配値	買気配株数
227,100	成行	109,800
1,528,900	OVER	
200	9,470	
33,200	9,469	
400	9,465	
100	9,460	
100	9,455	
258,100 前	9,451	
	9,450	前 321,400
	9,449	600
	9,448	2,900
	9,446	1,700
	9,445	4,900
	9,444	800
	UNDER	425,800

ソニーの
寄り付き前の板 ②
<AM 8:54>

東証1部
売買単位:100株

現在値	
ーー円	
始値	ーー円
高値	ーー円
安値	ーー円
前日終値	
9,504円	

複数気配		
売気配株数	気配値	買気配株数
	成行	
1,554,800	OVER	
1,900	9,471	
3,200	9,470	
33,900	9,469	
8,000	9,468	
600	9,467	
500	9,466	
	9,465	400
	9,464	2,000
	9,463	2,100
	9,462	2,200
	9,461	2,600
	9,460	4,400
	UNDER	2,088,100

ソニーの
寄り付き後の板 ③
<AM 9:03>

東証1部
売買単位:100株

現在値	
9,466円	
始値	9,450円
高値	9,468円
安値	9,436円
前日終値	
9,504円	

円台へと戻されている。

これでは、さしたる材料にはならないどころか、円高で下げていた輸出関連銘柄のリバウンド相場になる。

ただ、ソニーも、5分足チャートでわかるように、朝一番の5分足は、わずか5分間だが、下ヒゲをつけて上げている（図1）。

素早い人であれば、この動きを見て、9440円買い、9470円売りのトレードができる。

今の相場では、中期や長期を考えても、果たしてどうなるかは見通せない。そこで、わずか5分間、長くて午前中だけの動きで、株価の押し目を買い、吹き値を売る作戦も賢明であろう。

図1　ソニーの日中足（5分足チャート）

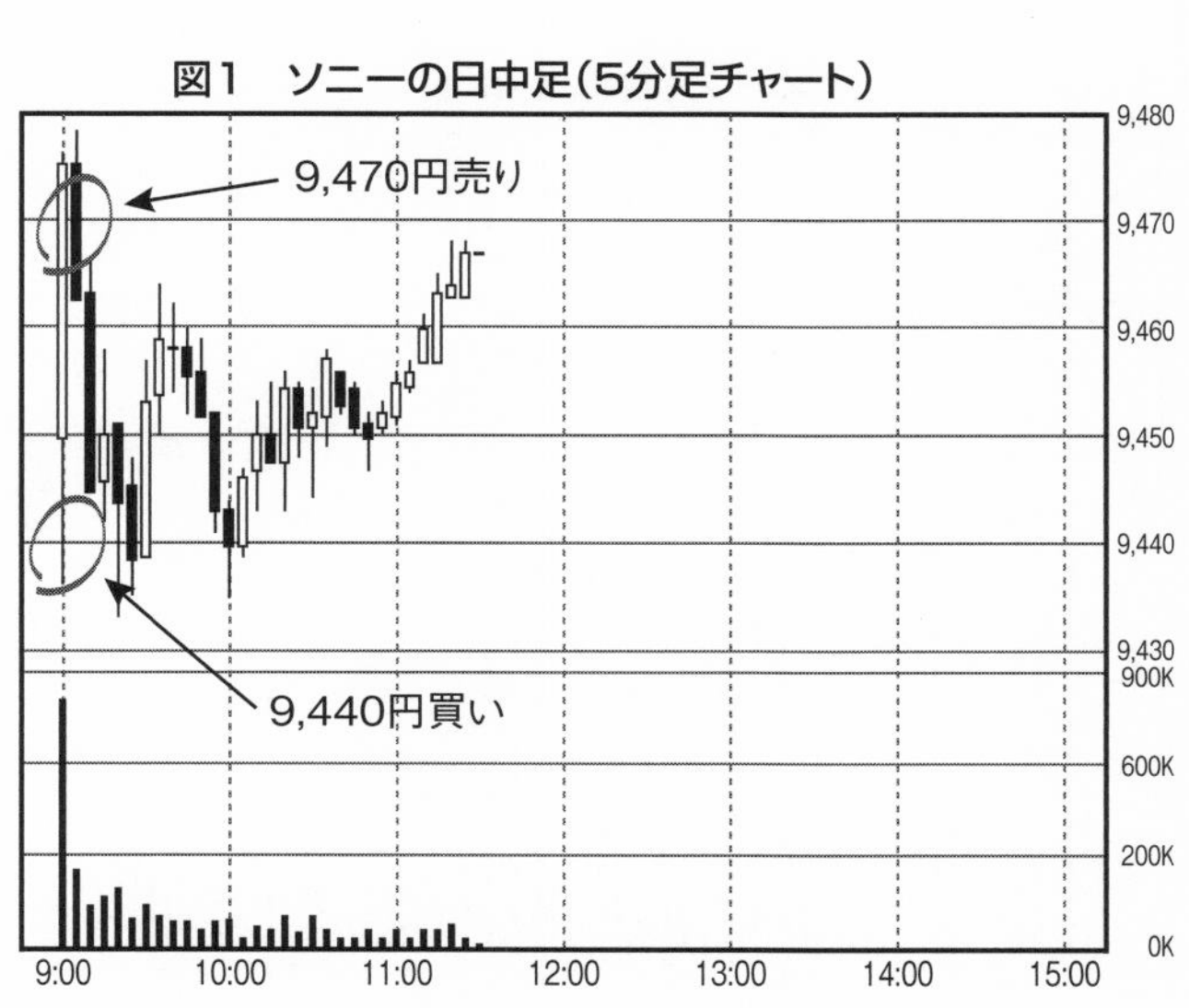

コンピューター売買の「アルゴリズム」は、1秒間の1000分の1の速さでトレードを行い、プロの技で利益を重ねているようである。

それには勝てないが、円高に対する抵抗力のあるソニーは、日足チャートでもわかるように（図2）、トヨタやホンダのような値下がりはしていない。

どちらかと言えば、右肩上がりを維持しており、手がけやすいし、急落の心配も少ない魅力的な銘柄であり、値動きであることがわかるはずである。

このような銘柄は、何回でも、その変動幅をうまくとってトレードしたい。

図2　ソニーの日足

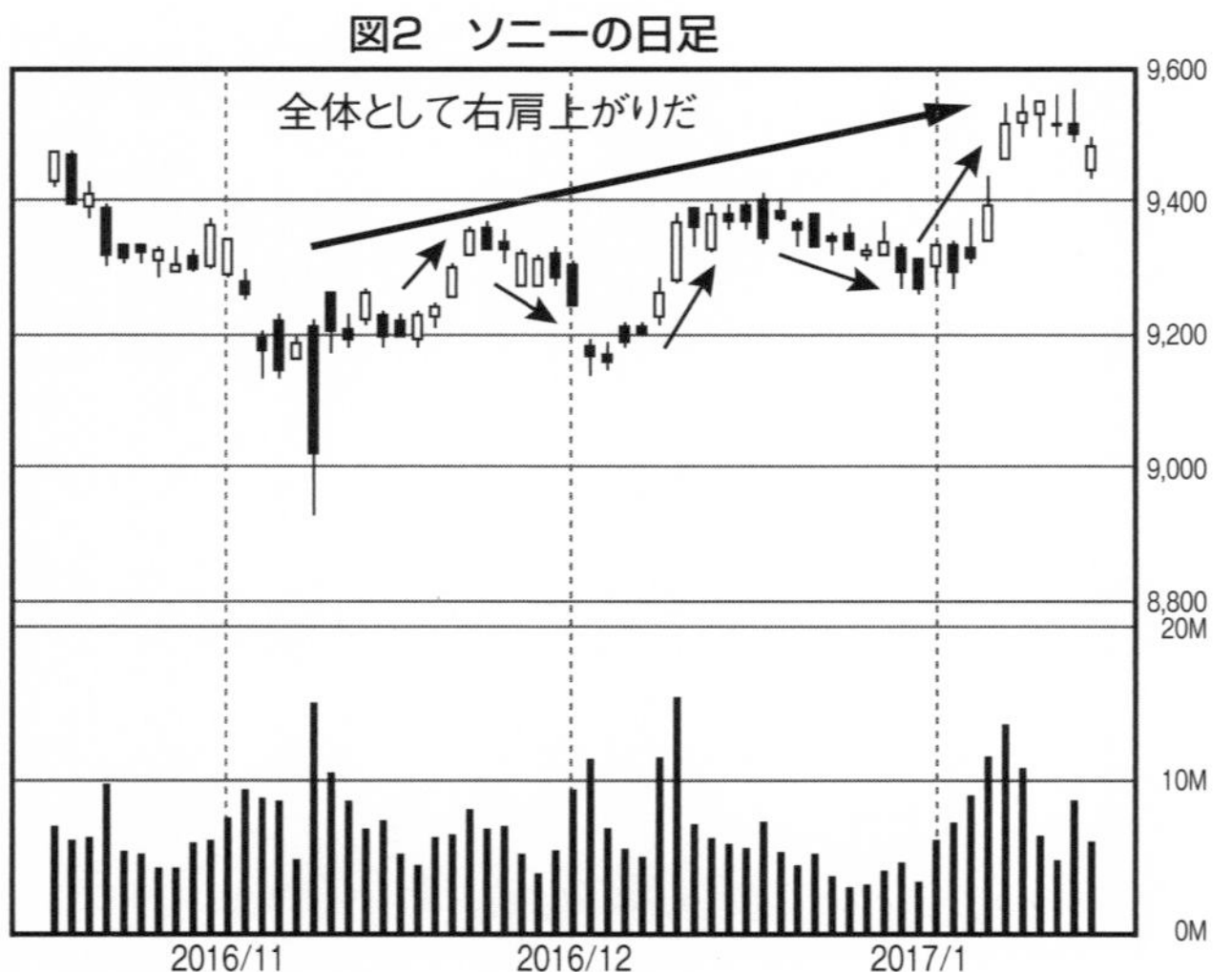

上級

2 利回りの高い銘柄の動きはどうなるか

人気が出るときは極めて魅力的な上げ方をする輸出関連の銘柄は、やや円高に触れている局面ではさえない相場つきになる。

しかし、配当利回りも高く、信用売りも多いスズキ（7269）は、ひとたび噴き出すと、たちまち信用の売りをしている人たちからの買い戻しの買いが入るので、結構値幅取りには向いている。

朝からの動きを見よう。この日は極端に円高が進んでいるわけではないので、上げる局面もあるだろう。

まず、寄り前の8時25分の板を見る（表①）。前日が4803円で終わっているが、朝一番の気配は4720円と弱い。しかし、あまりにも弱い気配は結構押し目の買いも入るので興味深い。

8時35分の板を見る（表②）。4803円買い気配だ。やはり低すぎる株価には魅力があるので、買いも入ってくる。

スズキの寄り付き前の板 ① <AM 8:25>

売気配株数		気配値	買気配株数
139,800		成行	93,200
662,800		OVER	
4,200		4,800	
2,000		4,799	
1,700		4,798	
100		4,795	
100		4,749	
141,800	前	4,721	
		4,720	前 142,400
		4,717	300
		4,716	100
		4,715	900
		4,711	400
		4,710	400
		UNDER	213,900

複数気配

東証1部
売買単位:100株

現在値
ーー円

始値	ーー円
高値	ーー円
安値	ーー円

前日終値
4,803円

スズキの寄り付き前の板 ② <AM 8:35>

売気配株数		気配値	買気配株数
151,800		成行	162,800
666,200		OVER	
600		4,800	
200		4,799	
1,000		4,798	
100		4,795	
300		4,749	
166,400	前	4,721	
		4,720	前 166,000
		4,717	600
		4,716	300
		4,715	600
		4,711	200
		4,710	1,000
		UNDER	936,400

複数気配

東証1部
売買単位:100株

現在値
ーー円

始値	ーー円
高値	ーー円
安値	ーー円

前日終値
4,803円

寄り付き直前はどうか（表③）。４８４５円の買い気配だ。前の日に比べてなんと42円も高い。朝一の気配に比べて明らかに強い。

このような気配のときは、買いたい人が結構この銘柄に入るということがわかる。

いよいよ寄り付きである。なんと４８３２円、29円高で始まっている（表④）。

この日の株価は、全体の反発もあって、５分足チャートで株価の推移を見ていくと（図１）、４８００円買い、４８３５円売りで、35円幅だが、利幅は取れる。

円高傾向に弱い自動車関連ではあるが、あまりにも信用の売り建てが多く、上げる局面では買い戻しの買いが入りやすく、値動きも面白いので、デイトレ向きと言えるだろう。

スズキの寄り付き前の板 ③
<AM 8:56>

複数気配		
売気配株数	気配値	買気配株数
229,800	成行	227,300
651,700	OVER	
17,800	4,852	
100	4,851	
10,700	4,850	
300	4,848	
8,000	4,847	
324,100 前	4,846	
	4,845	前 321,300
	4,830	2,200
	4,825	2,000
	4,824	200
	4,820	300
	4,819	100
	UNDER	965,300

東証1部
売買単位:100株

現在値	
ーー円	
始値	ーー円
高値	ーー円
安値	ーー円
前日終値	
4,803円	

スズキの寄り付き後の板 ④

<AM 9:01>

東証1部
売買単位:100株

複数気配		
売気配株数	気配値	買気配株数
	成行	
638,200	OVER	
600	4,852	
3,400	4,851	
1,200	4,850	
800	4,848	
300	4,847	
100	4,846	
	4,845	200
	4,830	1,300
	4,825	2,200
	4,824	2,500
	4,820	200
	4,819	700
	UNDER	251,500

現在値
4,835円

始値	4,832円
高値	4,835円
安値	4,829円

前日終値
4,803円

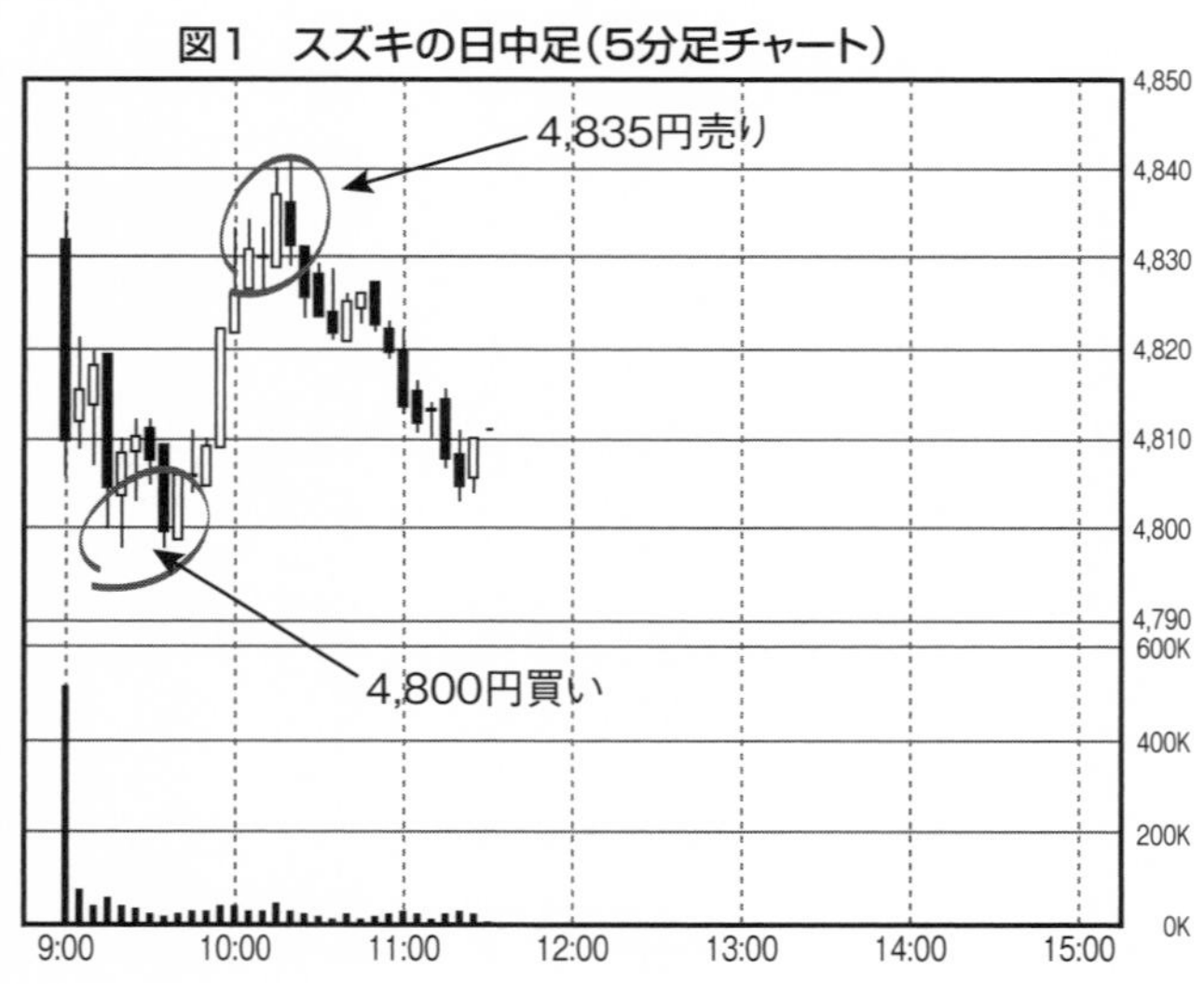

図1　スズキの日中足(5分足チャート)

上級

3 右肩上がりの銘柄の板を追う

日経平均株価のトレンドにあまり影響されない銘柄がある。

ここに挙げたパソコン製造販売のＭＣＪ（６６７０）は、業績が極めてよく、チャートもきれいな右肩上がりを長い間維持している（次ページ図1）。

ところで、この日の日経平均株価は円高傾向になったのと、米大統領のインタビューでの内容に失望した売りが朝から出て、軟調な展開である。

しかし、この銘柄の動きを見ると、まるで反対である。

前の日の終値は１１７９円だったが、朝の寄り付き前の８時20分の気配値を見ると（次ページ表①）、１１８８円の買い、と強い。

寄り付き直前の８時56分の板を見ると（165ページ表②）、さらに強く１１９１円の買いとなっている。

前日に比べて12円ギャップアップしている。

さて、寄り付きはどうか。

図1　MCJの日足

複数気配		
売気配株数	気配値	買気配株数
3,300	成行	5,100
170,700	OVER	
2,400	1,199	
200	1,196	
500	1,195	
1,100	1,194	
200	1,193	
6,100　前	1,189	
	1,188	前　5,300
	1,181	100
	1,180	400
	1,179	400
	1,178	1,000
	1,177	100
	UNDER	71,300

MCJの
寄り付き前の板　①
<AM 8:20>

東証2部
売買単位:100株

現在値
ーー円

始値	ーー円
高値	ーー円
安値	ーー円

前日終値
1,179円

上級

MCJの寄り付き前の板　②
<AM 8:56>

東証2部
売買単位:100株

複数気配			
売気配株数		気配値	買気配株数
2,500		成行	7,500
246,300		OVER	
1,600		1,197	
200		1,196	
600		1,195	
1,200		1,194	
300		1,193	
8,500	前	1,192	
		1,191	前　8,300
		1,190	100
		1,188	500
		1,181	2,100
		1,180	400
		1,179	400
		UNDER	328,300

現在値	
ーー円	
始値	ーー円
高値	ーー円
安値	ーー円
前日終値	
1,179円	

MCJの寄り付き後の板　③
<AM 9:05>

東証2部
売買単位:100株

複数気配		
売気配株数	気配値	買気配株数
	成行	
288,200	OVER	
1,300	1,193	
300	1,191	
1,000	1,190	
2,200	1,189	
600	1,188	
800	1,187	
	1,184	2,400
	1,183	1,100
	1,182	2,200
	1,181	3,800
	1,180	3,500
	1,179	400
	UNDER	118,900

現在値	
1,187円	
始値	1,189円
高値	1,189円
安値	1,185円
前日終値	
1,179円	

複数気配		
売気配株数	気配値	買気配株数
	成行	
428,500	OVER	
3,200	1,187	
2,300	1,186	
1,200	1,185	
700	1,184	
1,700	1,183	
600	1,182	
	1,180	600
	1,178	1,200
	1,177	2,700
	1,176	4,700
	1,175	1,600
	1,174	300
	UNDER	114,400

MCJの寄り付き後の板 ④

<AM 9:20>

東証2部
売買単位:100株

現在値
1,180円

始値	1,189円
高値	1,189円
安値	1,178円

前日終値
1,179円

図2　MCJの日中足(5分足チャート)

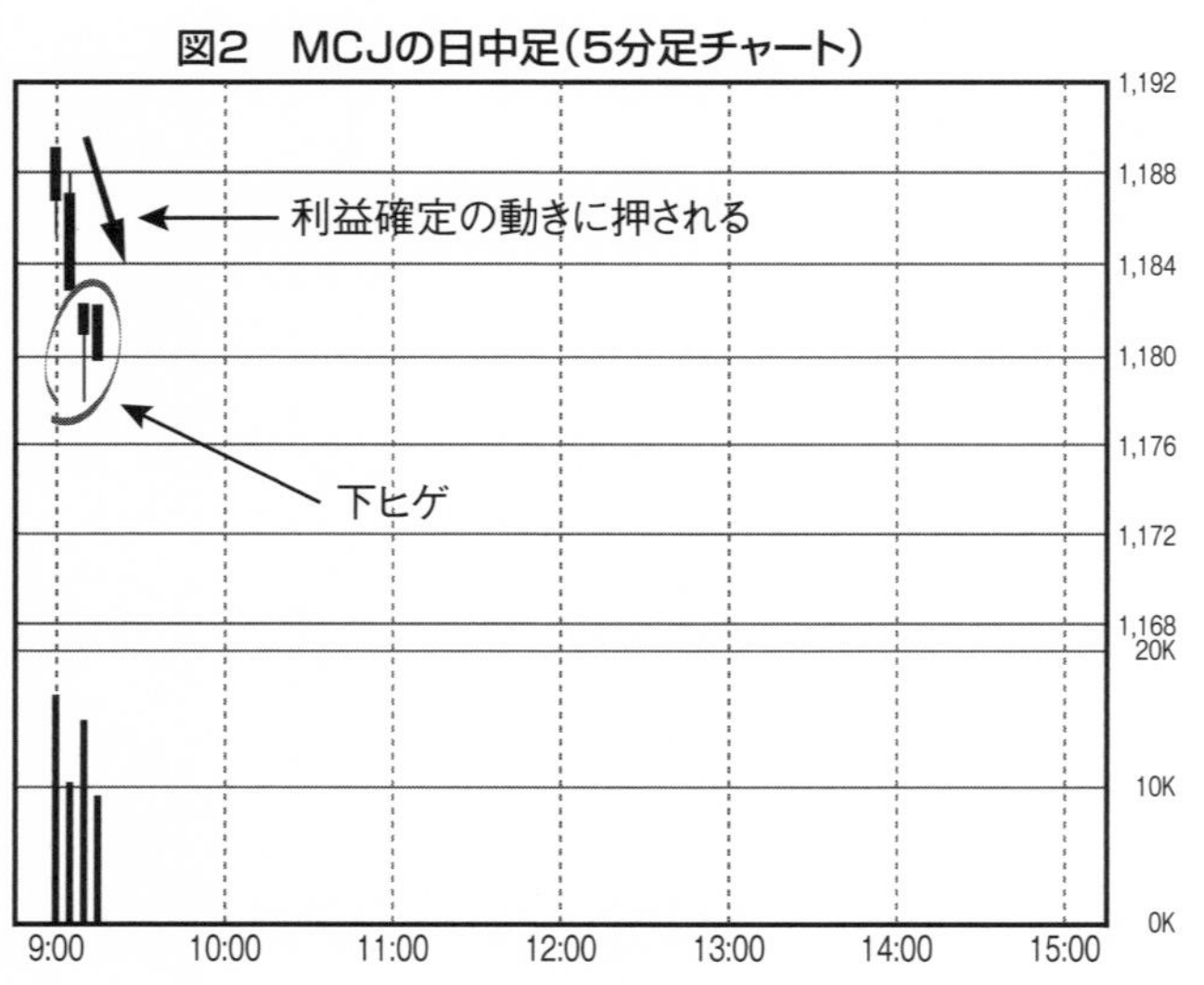

上級

１１８９円の10円高だ。

その後の動きはどうか。９時５分の板を見ると（165ページ表③）、さすがに全体の相場つきの弱さに影響されてか、１１８７円と弱くなってきた。ここは危なくて買えない。

果たして、持ち前の日経平均に影響されない強さがどこで発揮されるのか。

９時20分の板を見ると（表④）、一時的に前の日の株価を１円下回る１１７８円をつけたものの、反転して１１８０円に戻してきている。チャートも下ヒゲなので、ここですかさず拾ってみる（図２）。

ただ、株価の動きは全体の弱さに引きずられて、下値の持ち合いになってしまう。しかし、日足でのトレンドの強さを信じて保有し

MCJの
寄り付き後の板　⑤
<AM 10:33>

東証2部
売買単位:100株

複数気配		
売気配株数	気配値	買気配株数
	成行	
296,000	OVER	
1,300	1,190	
2,800	1,189	
1,900	1,188	
2,400	1,187	
600	1,186	
700	1,184	
	1,183	400
	1,182	1,300
	1,181	900
	1,180	1,900
	1,179	4,700
	1,178	4,300
	UNDER	140,700

現在値	
1,184円	
始値	1,189円
高値	1,189円
安値	1,171円
前日終値	1,179円

ておく。

10時33分の板はじり高で１１８４円となり、含み益が出てきた。

さらに経過を見ると、11時３分には１１９０円をつける。トレードは成功である。

ここで、この銘柄の１日の動きが、大体は20円以内なので、10円の幅を取り、３００株で３０００円の利益を出して手仕舞う。

強い銘柄の逆行高にかけたトレードである。

図3　MCJの日中足（5分足チャート）

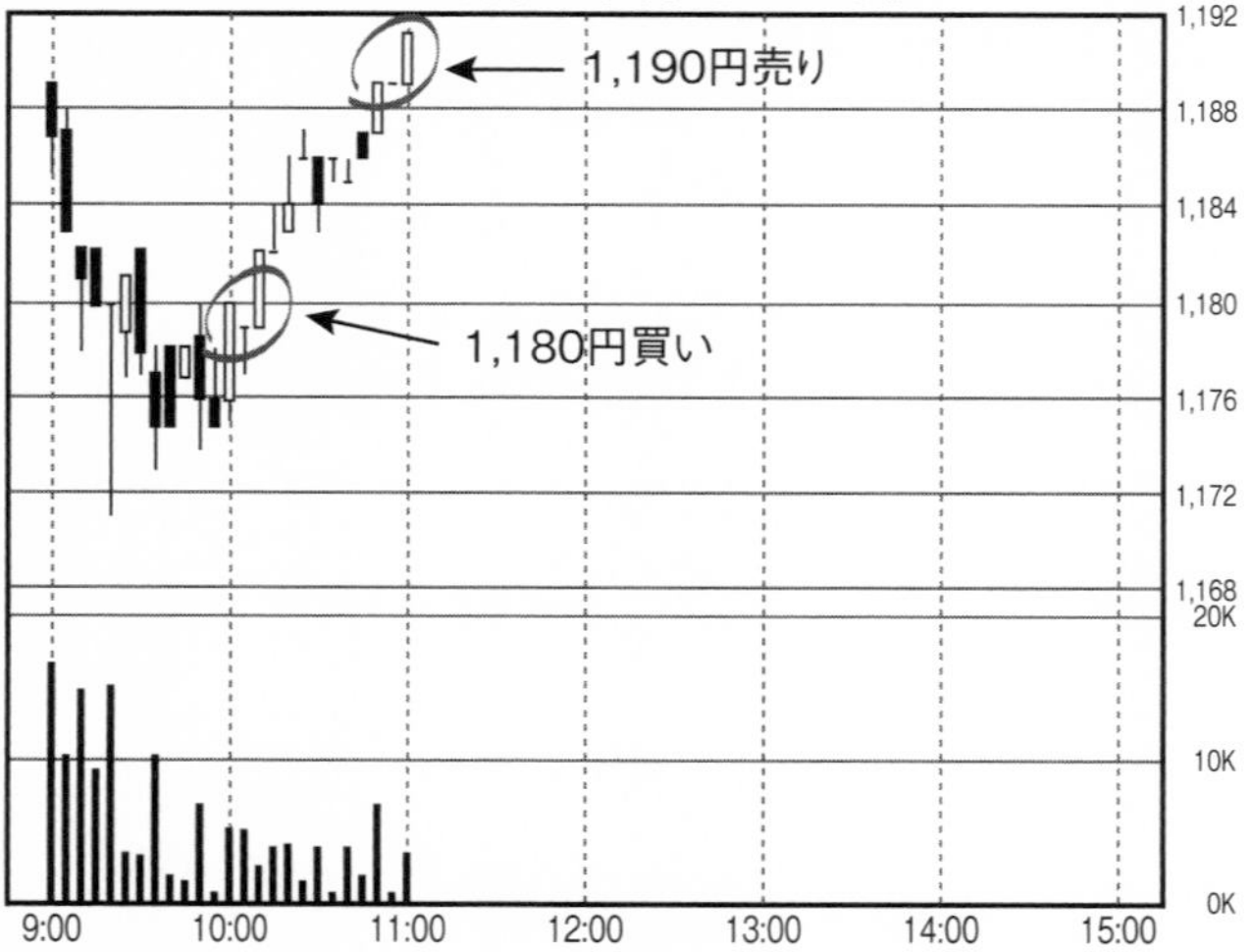

上級

海外の旅行者増加を背景に下値を拾う

わが国の海外からの旅行者は、コロナ明けには中国、台湾、韓国などアジアを中心に倍々ゲームで伸びると見られる。

そこで、円安で輸出関連が上がるのはわかるが、寄り付き天井の可能性もあるので、あえて違った材料からのアクセスを考えてみる。

コロナで海外からの客は来ないが、国内の人気が高い。コロナ後の期待もかかるがテーマパークであるディズニーランドを運営しているオリエンタルランド（４６６１）の株価を見ると、日足では25日移動平均線を大きく下に抜けて、マイナス乖離が出ている（次ページ図1）。

そろそろリバウンドしても良いだろう。為替市場が急激な円高から円安に戻されたので、今日の市場は良好と見る。

そのタイミングでこの銘柄はどう動くのか。

朝の寄り付き前の気配を見る。

まず8時11分では（表①）、前の日が16320円で終わっているのに対して、この日は16399円買い気配である。前の日が出来高を伴って大きく売られたので、リバウンドの戻しの可能性もある。

8時29分になった（表②）。気配はさらに上がり、16429円買い気配だ。強い。前の日の株価に対して100円程度のギャップアップである。

これは強いので、トレードの候補に入れてみる。

寄り付き直前の板はどうか（表③）。少し弱くはなっているが、16429円の買い気配。やはり、100円弱の高い気配だ。

いよいよ寄り付きだ。16346円。気配

図1　オリエンタルランドの日足

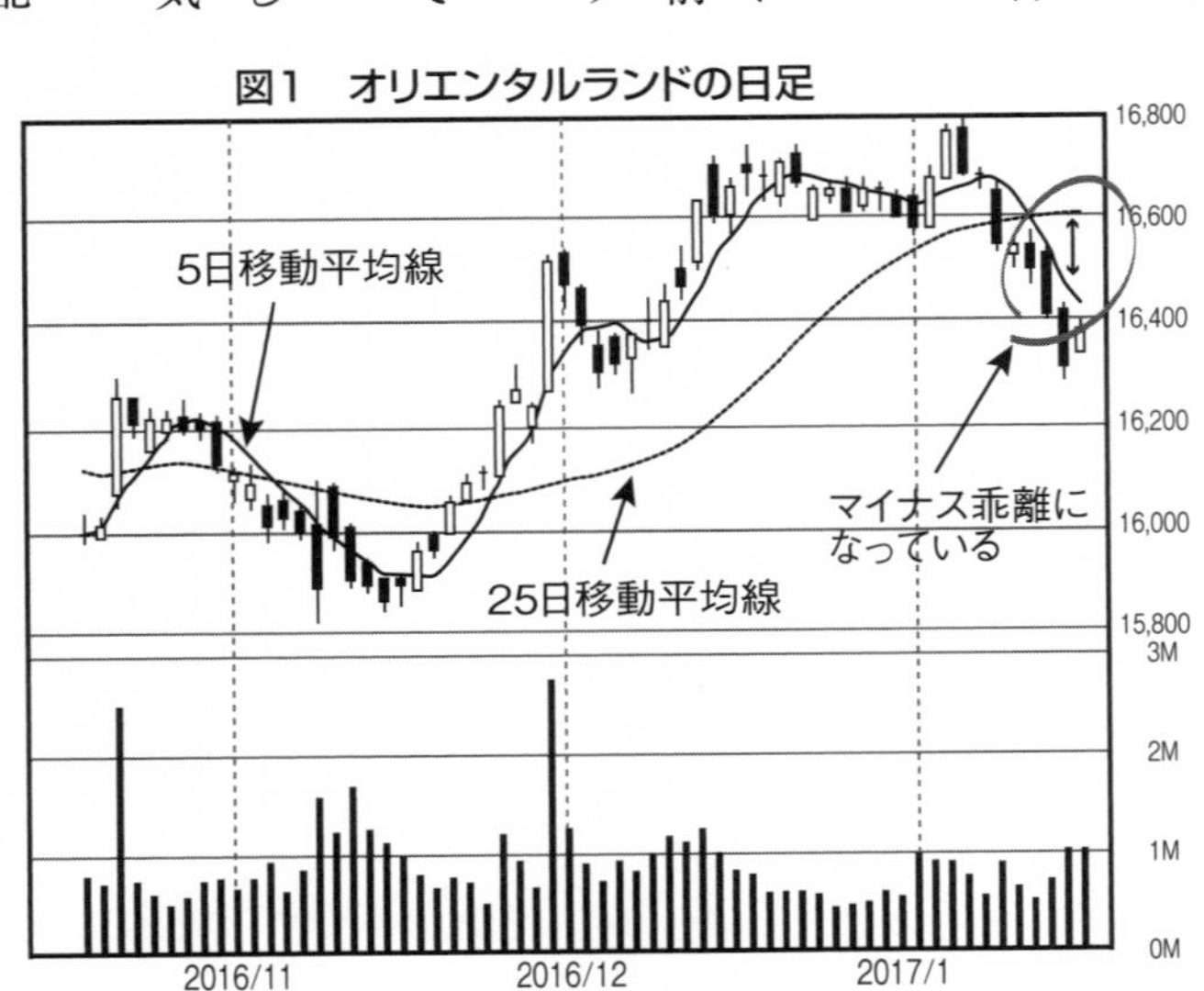

上級

オリエンタルランドの寄り付き前の板 ①
<AM 8:11>

東証1部
売買単位:100株

複数気配		
売気配株数	気配値	買気配株数
3,100	成行	9,600
177,100	OVER	
800	16,420	
100	16,418	
300	16,415	
100	16,410	
100	16,401	
11,100 前	16,400	
	16,399	前 10,000
	16,350	600
	16,330	100
	16,329	100
	16,320	2,700
	16,318	100
	UNDER	168,900

現在値	
ーー円	
始値	ーー円
高値	ーー円
安値	ーー円
前日終値	
16,320円	

オリエンタルランドの寄り付き前の板 ②
<AM 8:29>

東証1部
売買単位:100株

複数気配		
売気配株数	気配値	買気配株数
4,500	成行	10,400
182,900	OVER	
400	16,449	
100	16,446	
100	16,435	
100	16,434	
500	16,432	
11,400 前	16,430	
	16,429	前 10,800
	16,400	200
	16,350	700
	16,338	100
	16,333	100
	16,330	100
	UNDER	173,200

現在値	
ーー円	
始値	ーー円
高値	ーー円
安値	ーー円
前日終値	
16,320円	

オリエンタルランドの寄り付き前の板　③
<AM 8:53>

東証1部
売買単位:100株

複数気配		
売気配株数	気配値	買気配株数
6,900	成行	10,800
191,600	OVER	
300	16,449	
100	16,446	
100	16,435	
800	16,434	
1,300	16,432	
11,500　前	16,430	
	16,429	前　11,300
	16,400	600
	16,350	100
	16,338	300
	16,333	100
	16,330	1,900
	UNDER	175,700

現在値	
ーー円	
始値	ーー円
高値	ーー円
安値	ーー円
前日終値	16,320円

オリエンタルランドの寄り付き後の板　④
<AM 9:02>

東証1部
売買単位:100株

複数気配		
売気配株数	気配値	買気配株数
	成行	
129,500	OVER	
3,700	16,380	
100	16,379	
100	16,378	
400	16,377	
600	16,375	
300	16,374	
	16,366	400
	16,361	100
	16,360	100
	16,359	100
	16,358	200
	16,367	200
	UNDER	207,900

現在値	
16,374円	
始値	16,346円
高値	16,374円
安値	16,341円
前日終値	16,320円

上級

値よりは売りが多かったが、前日比で26円高い株価で寄り付いている（表④）。

これは利幅を取れる可能性が高い。なぜならば、寄り付き前の株価よりもはるかに安く始まったからだ。目先の売りが出て、思いのほか売りが多かったので、安く始まったと言える。

寄り付き近辺で買い、様子を見る。

5分足チャートを見ると（図2）、予想のとおり陽線が出てきた。株価は昨日の大きな下げに対してのリバウンドである。9時25分の板を見ると（表⑤）、16398円と78円高だ。

これは強い動きである。

急いで利益確定しないで、5分足を見ながが

図2　オリエンタルランドの日中足（5分足チャート）

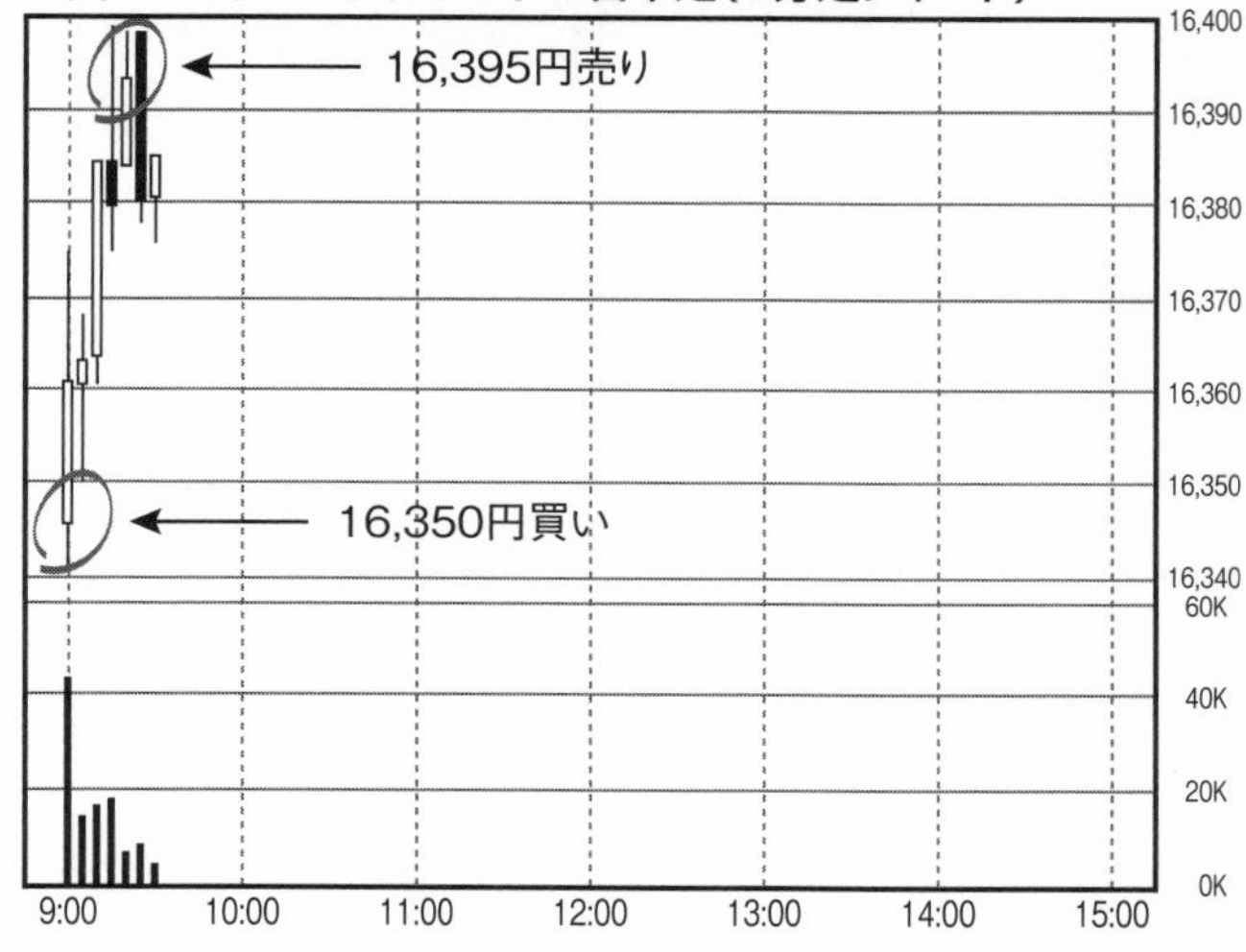

ら、利益確定のタイミングを図る。

こうなれば、板ではなくて5分足のチャートを見たほうが、タイミングが取りやすい。

チャートでは5分足の6本目、すなわち寄り付きから30分後に上値限界を示す陰線が出てきた。その前の5分足は上ヒゲが出ているので、ここが売りのタイミングと見て、6395円で手仕舞う。

45円の利幅。100株で4500円だが、1000株ならば4万5000円だ。このように、うまくいくことばかりではないが、相場は概して反対に動きやすいので、用心して頭を働かせていかないと、なかなか勝てないものである。

オリエンタルランドの寄り付き後の板 ⑤
<AM 9:25>

東証1部
売買単位:100株

複数気配		
売気配株数	気配値	買気配株数
	成行	
221,000	OVER	
400	16,402	
400	16,401	
4,300	16,400	
1,000	16,399	
300	16,398	
300	16,397	
	16,391	200
	16,390	400
	16,389	200
	16,388	200
	16,387	200
	16,386	300
	UNDER	216,400

現在値	
16,374円	
始値	16,346円
高値	16,399円
安値	16,341円
前日終値	16,320円

5 逆行高の板の動きはどうなるか

この日は日経平均株価は安くなってしまったが、小型の材料株は、全体相場の流れに関係なく動かされやすいので、注目したい。

不動産関連は、最近の不動産の値上がりで、その恩恵で利益を出している。

このようなときに動くのがジャスダックのアスコット（３２６４）である。自社で開発した分譲マンション、小規模賃貸マンション、さらには収益物件などが販売好調。これを材料にして、ジャスダックのこの銘柄はにわかに人気化してきている。

まず朝の寄り前の気配値を見てみよう。

朝、8時45分の寄り付き前の気配は２４４円の買い気配（表①）。前日に比べて若干ギャップアップだ。成り行きの気配は買いが3万１９００株に対して、売りが８８００株。明らかに買いのほうが多い。強い気配である。

前日までの日足を見ると（図１）、２４０円を上値抵抗線にして持ち合いである。ここを抜けると面白くなってくる。市場の注目が集まるからだ。

複数気配

売気配株数	気配値	買気配株数
8,800	成行	31,900
472,000	OVER	
14,500	250	
31,000	249	
38,800	248	
11,300	247	
52,100	246	
66,100 前	245	
	244	前 35,000
	243	1,700
	242	5,200
	241	5,200
	240	13,300
	239	1,300
	UNDER	250,000

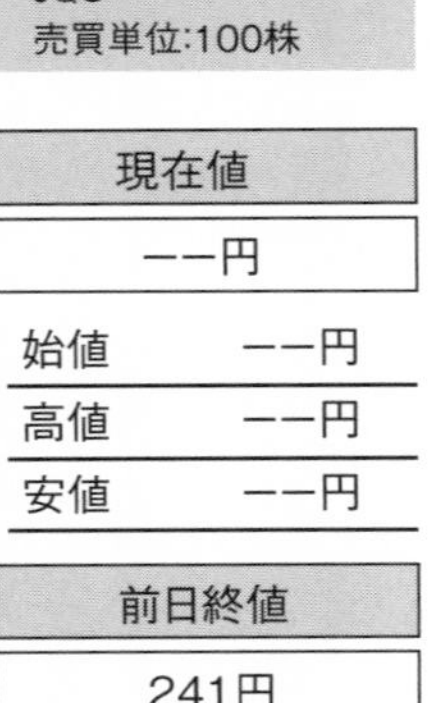

図1　アスコットの日足

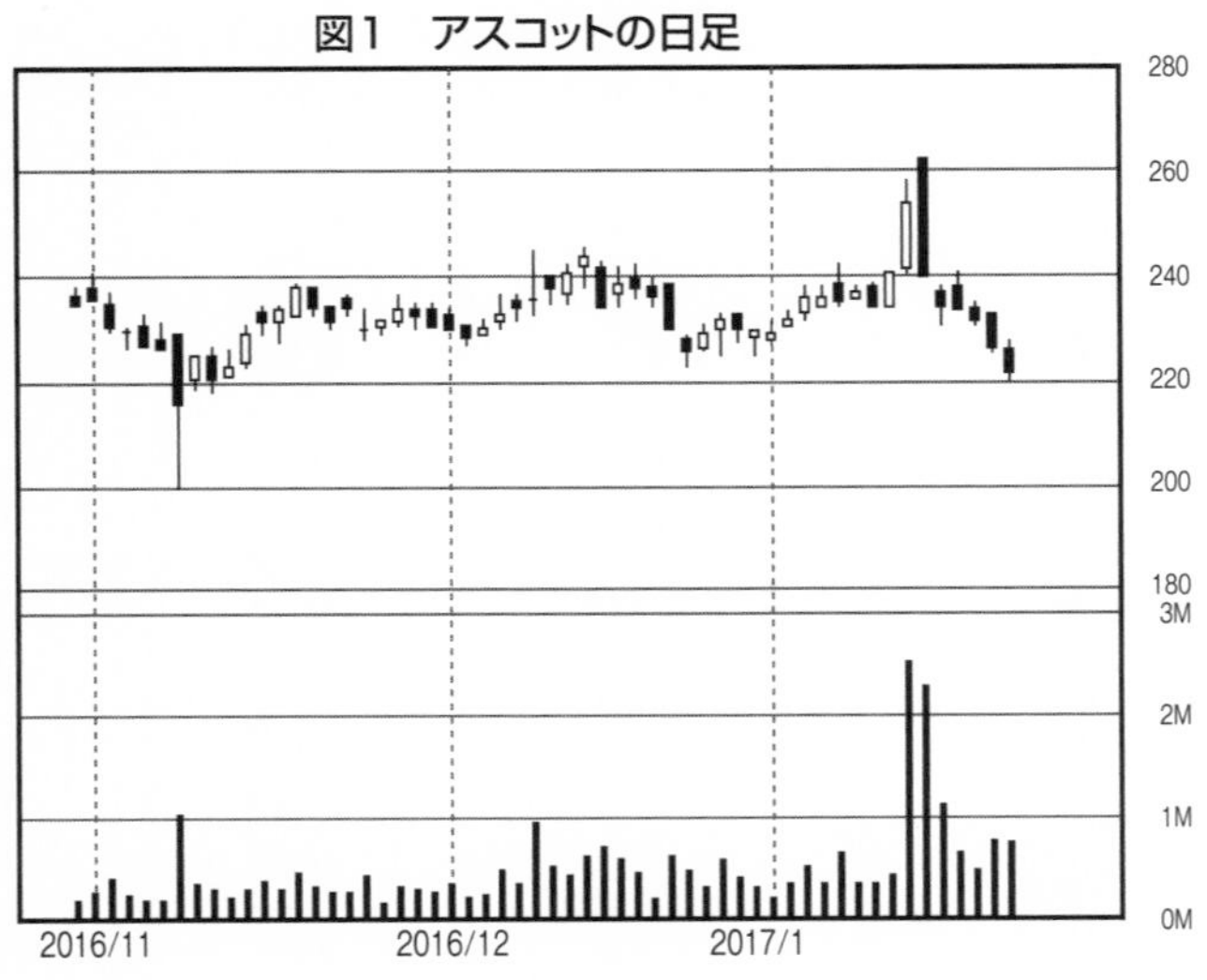

上級

アスコットの
寄り付き前の板　②
<AM 8:56>

JQS
売買単位:100株

複数気配		
売気配株数	気配値	買気配株数
10,300	成行	27,600
482,500	OVER	
31,000	249	
38,800	248	
18,100	247	
51,800	246	
34,400	245	
46,700　前	244	
	243	前　32,400
	242	5,200
	241	8,600
	240	14,100
	239	2,000
	238	14,600
	UNDER	249,500

現在値	
	ーー円
始値	ーー円
高値	ーー円
安値	ーー円
前日終値	
	241円

アスコットの
寄り付き後の板　③
<AM 9:02>

JQS
売買単位:100株

複数気配		
売気配株数	気配値	買気配株数
	成行	
522,700	OVER	
40,800	248	
19,500	247	
44,000	246	
39,900	245	
26,900	244	
21,000	243	
	242	800
	241	11,800
	240	11,200
	239	8,400
	238	16,900
	237	27,100
	UNDER	222,300

現在値	
	242円
始値	242円
高値	243円
安値	241円
前日終値	
	241円

直前の8時56分はどうか（表②）。若干弱くなっている。とりあえず目先の売りが出るのかな。

いよいよ寄り付きである（表③）。242円の1円高だ。静かな動きである。高値は243円まである。

チャートを追っていくと（図2）、寄り付きの後、3本目の5分足が下ヒゲになっている。その後に、株価が急伸し、一時250円まで上げている。

9時34分の板を見る（表④）。250円買い気配、251円売り気配。寄り付きに比べると8円ほど上がっているので、1000株単位で買っていれば、8000円の利益である。

この手の低位株は、ロットで行かないと利益確定確定のチャンスが少ない。なので、できれば1万株単位くらいで望みたい。そうすれば1円の動きで1万円の利益になる。150円ストップ高、300円ストップ高にならなくても、5円動けば5万円というようなトレードができれば、確実に利益が積み上がっていく。

5分足のチャートのその後を見ると（図3）、株価は上げ下げを2回繰り返したので、売買のチャンスは2回あったことになる。「買い」と「売り建て」の双方でいけば、チャンスは理論上、4回あったことになる。

上級

売気配株数	気配値	買気配株数
	成行	
469,100	OVER	
12,800	256	
12,400	255	
9,200	254	
19,600	253	
14,400	252	
15,000	251	
	250	7,000
	249	1,300
	248	1,300
	247	1,300
	246	10,100
	245	20,800
	UNDER	305,100

複数気配

アスコットの寄り付き後の板 ④
<AM 9:34>

JQS
売買単位:100株

現在値	242円
始値	242円
高値	250円
安値	240円
前日終値	241円

図2　アスコットの日中足(5分足チャート)

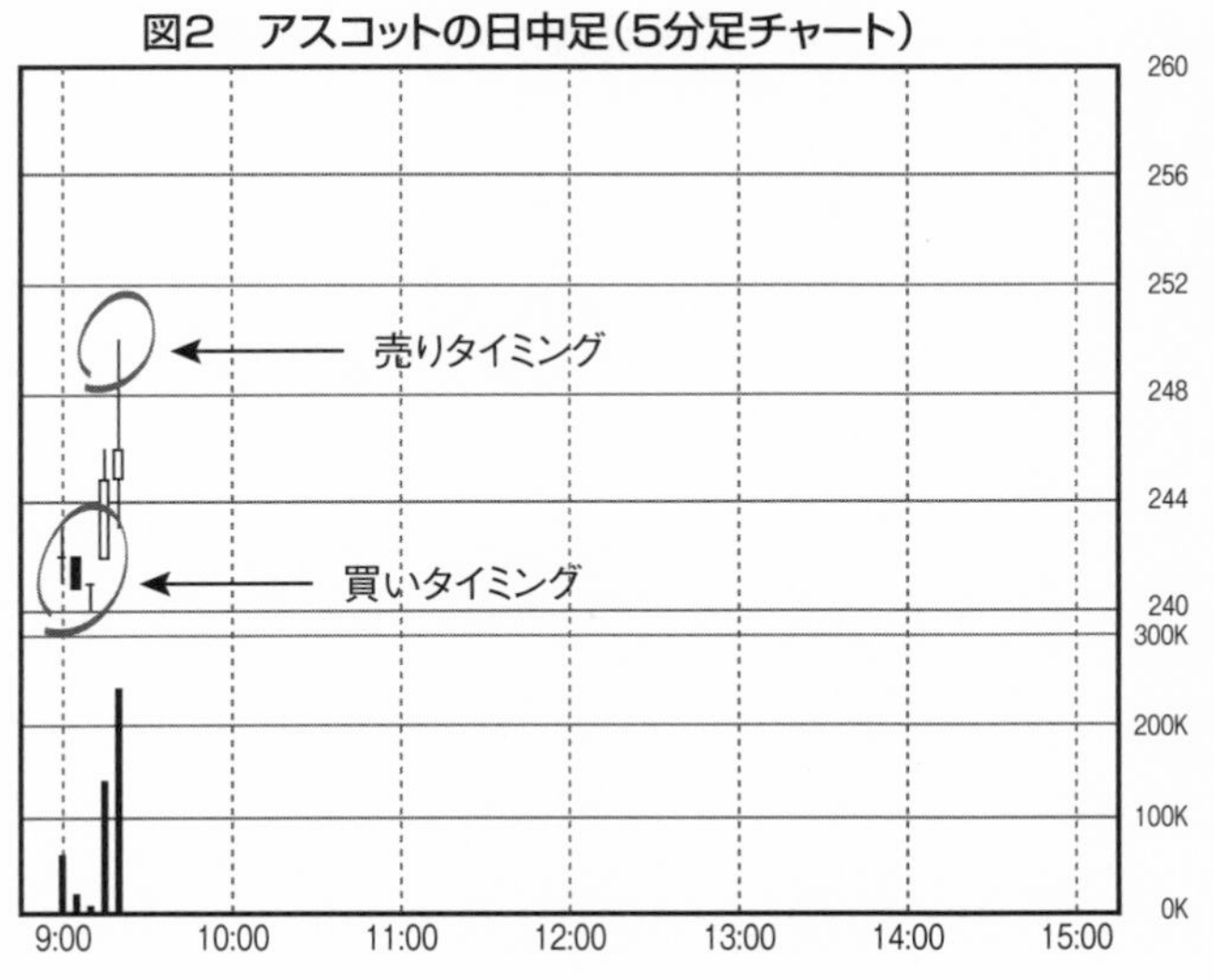

このようなトレードを「波乗り」と言うが、目先の利益を確実に積み重ねていくのが、絶対に勝てるトレードの手法である。

大きく狙うのは良いが、それでは逆にチャンスを逃し、逆に含み損を抱えることにもなりかねない。小幅でも良いから、確実に利益確定を行っていくことを勧めたい。

図3　アスコットの日中足（5分足チャート）

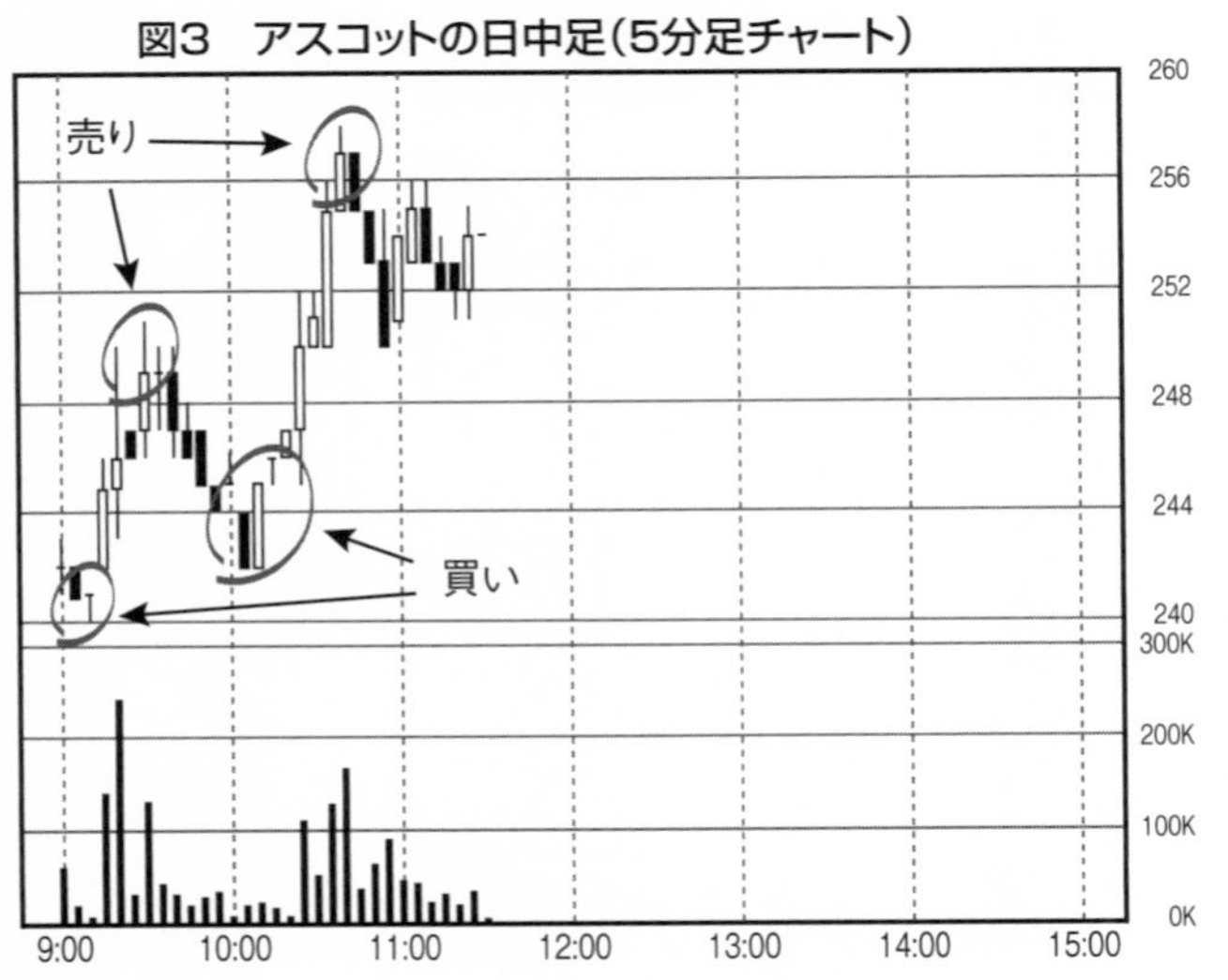

前の日に悪材料で大きく下げた銘柄のリバウンド狙い

株価は業績の動向だけで上げ下げするだけではなく、様々な材料で動くものである。ここに挙げたキヤノン（7751）は、順調に上げてきたが、オリンピックの観客の問題もあり、カメラの売れ行きは逆風である。

しかし、別に業績が大幅に落ち込んだわけではなく、カメラ、事務機器では世界的なシェアで、むしろ出荷台数では伸ばしており、業績の面では上向きである。

強弱感の対立で信用の売り買いのせめぎ合いの中での動きであるためにある。

このような株価の動きでは、大体は翌日には下値を拾う動きが先行しやすいものだ。ただ、悪い材料が出たことには変わりはないので、翌日にリバウンドがあれば、素早く利益確定を行って手仕舞いたい。

さて、大きく下げた翌日の朝の板を見る。

8時7分の取引前の板（表①）は2379円買いの気配だ。ただ、売り板もそこそこあるので、あまり強い板とは言えない。

短期での勝負ができるかどうかの戦いとなりそうだ。寄り付き前の板は、8時54分では（表②）、2379円買いの、2380円売りと、まったく変わらない。

いよいよ寄り付きである（表③）。寄り付きは意外に安く2360円、14円高で始まる。ただ、売り板はさほど厚くはなく、株価はじり高である。

5分足のチャートで見ると（図1）、大陽線で始まる。強い。しかし、次の足が上ヒゲ陰線になっているので、様子を見る。

しかし、9時16分には3本目の足が陽線なので、この日のリバウンドはある程度期待できそうだ。

上級

売気配株数	気配値	買気配株数
11,400	成行	21,000
587,400	OVER	
200	2,388	
200	2,385	
100	2,384	
3,000	2,383	
300	2,382	
29,500 前	2,380	
	2,379	前 24,500
	2,375	300
	2,371	100
	2,365	200
	2,360	1,900
	2,355	100
	UNDER	311,600

複数気配

キヤノンの寄り付き前の板 ①

<AM 8:07>

東証1部
売買単位:100株

現在値	
ーー円	
始値	ーー円
高値	ーー円
安値	ーー円
前日終値	
2,346円	

キヤノンの寄り付き前の板　②

<AM 8:54>

東証1部
売買単位:100株

複数気配		
売気配株数	気配値	買気配株数
28,100	成行	50,600
744,600	OVER	
400	2,385	
1,800	2,384	
3,000	2,383	
1,100	2,382	
2,200	2,381	
90,200　前	2,380	
	2,379	前　64,500
	2,375	500
	2,373	1,000
	2,372	100
	2,371	600
	2,370	600
	UNDER	481,400

現在値	
	ーー円
始値	ーー円
高値	ーー円
安値	ーー円
前日終値	2,346円

キヤノンの寄り付き後の板　③

<AM 9:06>

東証1部
売買単位:100株

複数気配		
売気配株数	気配値	買気配株数
	成行	
852,100	OVER	
5,800	2,379	
4,000	2,378	
3,200	2,377	
2,300	2,376	
3,300	2,375	
2,500	2,374	
	2,372	1,400
	2,371	4,900
	2,370	3,200
	2,369	3,700
	2,368	8,500
	2,367	2,300
	UNDER	463,600

現在値	
	2,377円
始値	2,360円
高値	2,378円
安値	2,360円
前日終値	2,346円

売気配株数	気配値	買気配株数
	成行	
775,400	OVER	
14,100	2,392	
4,900	2.391	
6,100	2,390	
3,400	2,389	
18,600	2,388	
900	2,387	
	2,386	4,400
	2,385	5,900
	2,383	3,500
	2,382	8,400
	2,381	3,800
	2,380	4,500
	UNDER	487,500

複数気配

キヤノンの
寄り付き後の板 ⑤
<AM 9:23>

東証1部
売買単位:100株

現在値
2,385円

始値	2,360円
高値	2,387円
安値	2,360円

前日終値
2,346円

図1　キヤノンの日中足(5分足チャート)

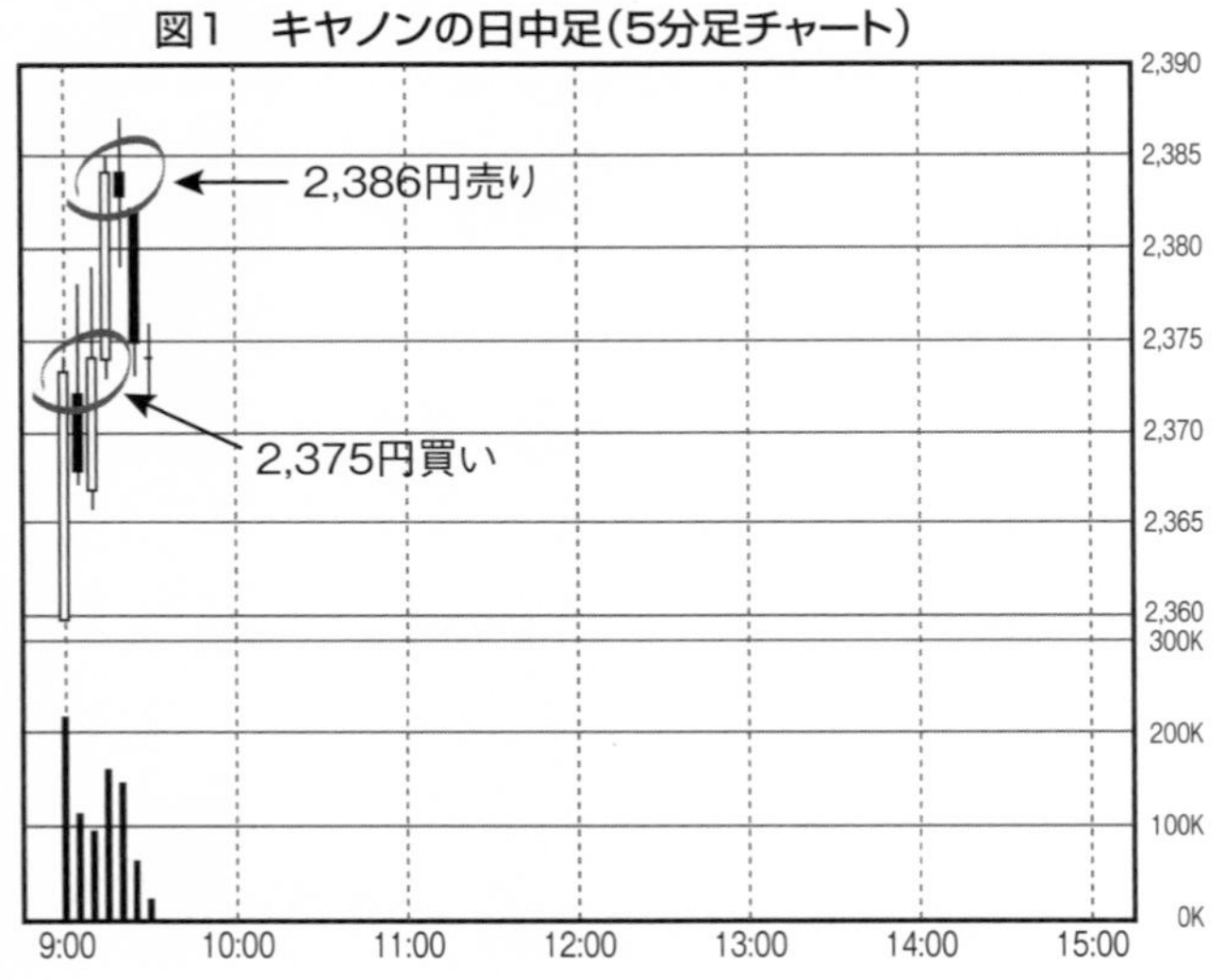

上級

2375円で買いを入れる。

さて、どうなるか。9時23分の板（表⑤）では、2386円の買いがあるので、わずか11円だが300株の利益確定を行う。

3300円の利益だ。やらないより良いかなという利幅だが、市場がそれほど、強くはない状況の中でのリバウンドの上げである。

このくらいで「良し」としなければならない。

その後の値動きを追っていくと、10時37分（表⑥）には2366円となり、もし売却していなければ買値を下回っていることになる。

早めの利益確定が正解と言える。

キヤノンの寄り付き後の板 ⑥
<AM 10:37>

東証1部
売買単位:100株

複数気配		
売気配株数	気配値	買気配株数
	成行	
870,400	OVER	
6,900	2,372	
4,900	2,371	
10,400	2,370	
8,300	2,369	
5,100	2,368	
5,000	2,367	
	2,366	1,200
	2,365	10,100
	2,364	6,900
	2,363	9,600
	2,362	12,700
	2,361	9,400
	UNDER	491,200

現在値	
2,366円	
始値	2,360円
高値	2,387円
安値	2,360円
前日終値	2,346円

急騰の翌日の寄り付き天井に注意

新興市場の銘柄はさしたる材料がなくても、ストップ高、ストップ安を繰り返す傾向がある。この派手な値動きが好きで売買に参加している個人投資家が多いのが現状だ。

たとえばバイオベンチャー関連。一連のバイオ株の急騰で小型の材料株も動き出している。この銘柄もその動きである。

この日は、マザーズのカイオム・バイオサイエンス（４５８３）が50円のストップ高をつけたので、翌日の板がどうなるか。今すぐの材料ではないが、仕手筋が意図的に動かしやすく、説得性があるのは確かである。

同じくストップ高を演じたのは、バイオ関連銘柄では、いくつかあるが足も早いので要注意である。

さて、ストップ高の翌日のカイオム・バイオサイエンス（４５８３）の板である。

朝の８時８分の板を見ると（表①）、前日のストップ高した終値２０２円に対して、60円

上級

カイオム・バイオサイエンスの寄り付き前の板 ①
<AM 8:08>

マザーズ
売買単位:100株

売気配株数	気配値	買気配株数
116,100	成行	305,900
336,900	OVER	
800	268	
200	267	
1,200	264	
2,800	262	
500	261	
340,400 前	260	
	259	前 329,100
	250	14,500
	240	26,700
	235	7,000
	230	800
	227	10,100
	UNDER	639,400

現在値	
	ーー円
始値	ーー円
高値	ーー円
安値	ーー円
前日終値	202円

カイオム・バイオサイエンスの寄り付き前の板 ②
<AM 8:39>

マザーズ
売買単位:100株

売気配株数	気配値	買気配株数
145,300	成行	485,800
ーー	OVER	
313,300	282	
576,700 前	281	
	280	前 540,000
	277	30,200
	273	1,000
	272	11,000
	271	2,000
	270	300
	262	100
	261	500
	260	2,100
	255	4,000
	UNDER	792,600

現在値	
	ーー円
始値	ーー円
高値	ーー円
安値	ーー円
前日終値	202円

弱高い259円買いが入りギャップアップの様相だ。

ただし、気配は高いが売買のバランスを見ると売り物も同数近く出ているので、今日のストップ高はないと判断しなければならない。

30分後の8時39分の板（表②）はさらに気配が上がり、280円買い気配である。ただ特徴的なことは、気配値は上がっているが、売買のバランスを見ると残念ながら売りのほうが少し多い。

これは、今日は間違いなくストップ高に張り付く板ではない。

寄り付き直前の8時56分の板を見る（表③）。若干だが、279円買い気配と、気配値が下がっている。このような板では「寄り付き天井」になりやすいので、手出しは無用である。

寄り付きは、特別買い気配で始まるも、9時7分には226円の24円高で寄り付く。ストップ高の動きではない（表④）。

売買のバランスは、買い物の残りの数量を示す「UNDER」が112万7900株であるのに対して、売り物の残数を示す「OVER」は72万5500株と少ない。買い優勢であることは間違いない。

ただ、この数値は丸呑みはできない。

上級

カイオム・バイオサイエンスの寄り付き前の板 ③

<AM 8:56>

マザーズ
売買単位:100株

複数気配		
売気配株数	気配値	買気配株数
265,100	成行	440,000
--	OVER	
305,000	282	
128,200	281	
547,100 前	280	
	279	前 501,500
	278	300
	277	400
	275	1,100
	274	100
	273	3,600
	272	11,200
	270	5,200
	269	1,000
	UNDER	849,100

現在値	
--円	
始値	--円
高値	--円
安値	--円
前日終値	
202円	

カイオム・バイオサイエンスの寄り付き後の板 ④

<AM 9:08>

マザーズ
売買単位:100株

複数気配		
売気配株数	気配値	買気配株数
	成行	
725,500	OVER	
14,200	231	
80,400	230	
22,500	229	
1,100	228	
600	227	
5,000	226	
	224	6,500
	223	8,800
	222	41,100
	221	16,500
	220	18,100
	219	13,000
	UNDER	1,127,900

現在値	
227円	
始値	226円
高値	230円
安値	218円
前日終値	
202円	

図1　カイオム・バイオサイエンスの日中足（5分足チャート）

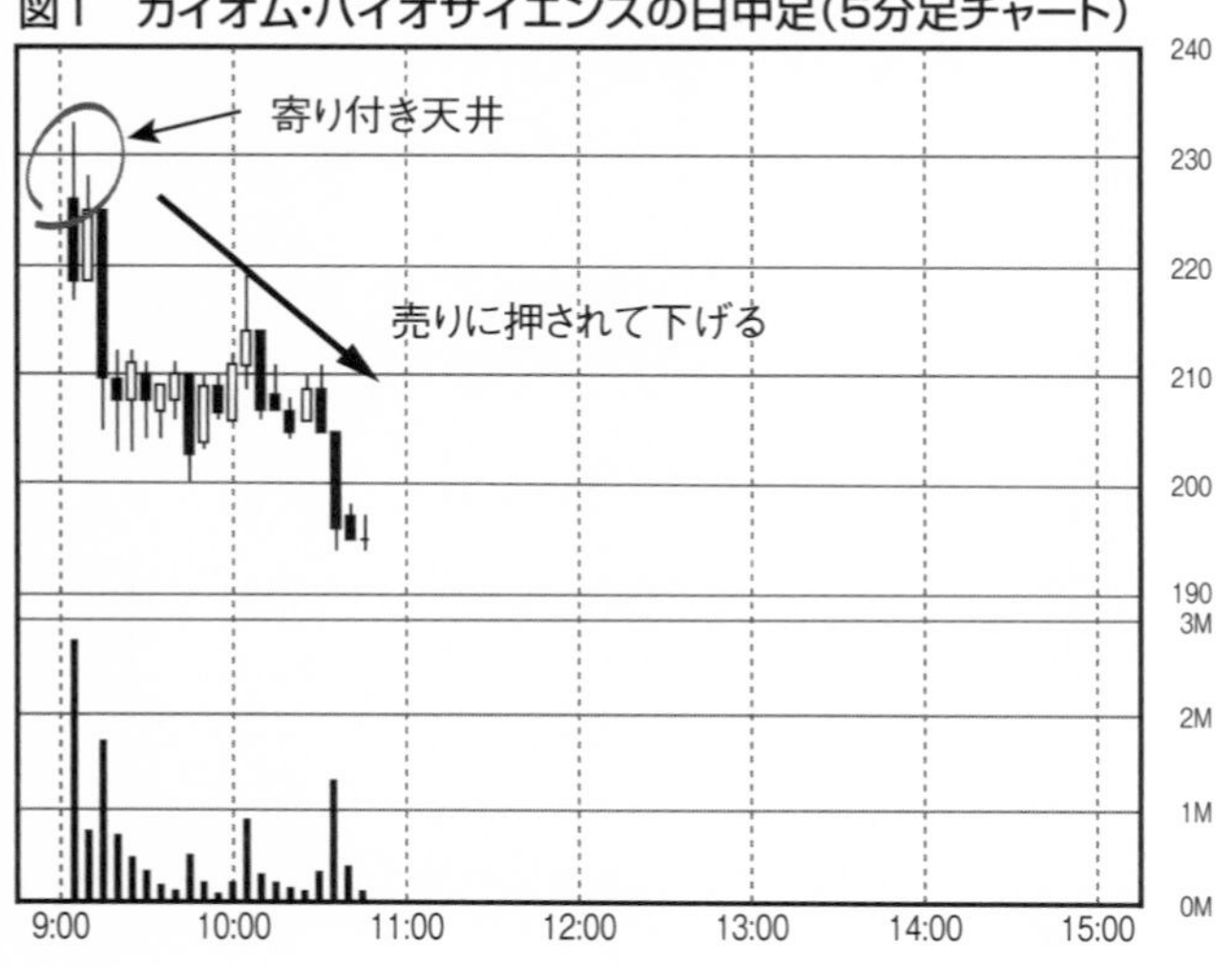

複数気配

売気配株数	気配値	買気配株数
	成行	
1,021,600	OVER	
18,400	221	
14,700	220	
23,400	219	
10,700	218	
10,000	217	
1,800	216	
	214	14,100
	213	26,300
	212	19,300
	211	23,600
	210	29,300
	209	31,500
	UNDER	1,194,700

カイオム・バイオサイエンスの寄り付き後の板　⑤
<AM 9:18>

マザーズ
売買単位:100株

現在値	
216円	
始値	226円
高値	233円
安値	212円
前日終値	
202円	

上級

突如として変わることがあるからである。

9時18分の板を見る（表⑤）。216円の14円高、落ちてきている。チャートも「寄り付き天井」だ。

バイオとは言っても材料次第で「一日天下」の様相だ。

10時47分の板では、早くも196円の6円安と反落している。典型的な「一日天下」「寄り付き天井」の板の動きである。用心したい小型株の値動きである。

複数気配		
売気配株数	気配値	買気配株数
	成行	
944,000	OVER	
20,100	202	
17,100	201	
16,300	200	
12,500	199	
27,600	198	
30,900	197	
	196	10,800
	195	29,000
	194	58,200
	193	69,300
	192	79,200
	191	77,700
	UNDER	1,497,000

カイオム・バイオサイエンスの寄り付き後の板　⑥
<AM 10:47>

マザーズ
売買単位:100株

現在値	
196円	
始値	226円
高値	233円
安値	194円

前日終値
202円

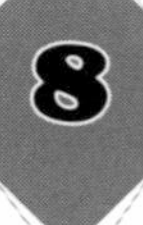

前の日の急落のリバウンドと新しい材料に乗る

株価は好材料が出ても、いつまでも上がるわけではない。逆に、いかに悪材料が出ても、下げ続けることはない。これはその銘柄が社会的に大きな貢献をしているならば、必ずそれを評価した買いが入るからだ。

小野薬品工業（４５２８）は大阪の創薬中堅だが、がんの免疫療法で人気化し、大きく株価を上げていた。

しかし、このところさえない動きが続き、さらに一部の証券会社から「株価目標」の引き下げが行われた。

この日もＮＹ株価の影響を受けて、急落した。

ただ、この日は全体相場が急落したにもかかわらず、プラスで引けている。それは小野薬品の免疫治療で、既存の高脂血症の治療薬と、小野薬品のがん免疫治療薬オプジーボを併用することで、薬効のなかった人にも大幅な効果が期待できるという新たな発表があった材料の蒸し返しでもある。

上級

株価の動きの理由はあくまでも後付感が拭いきれない。

医薬品はひとつ当たれば、莫大な利益が転がり込む。それが株価にも反映されるわけである。

この日の朝の寄り付き前の板を見よう。

8時30分の板を見ると（表①）、2449・5円に買い気配が出ている。成り行きの買いも5万5200株、売りは2万5700株で、買いのほうが強い板である。

がん治療のニュースに反応したのか。

しかし、JPモルガン証券が「レーティング情報」で小野薬品工業に対してのニュースもあるので「ニュートラル」から、「sell」に格下げしたばかりなので、果たしてどちら

図1　小野薬品工業の日足

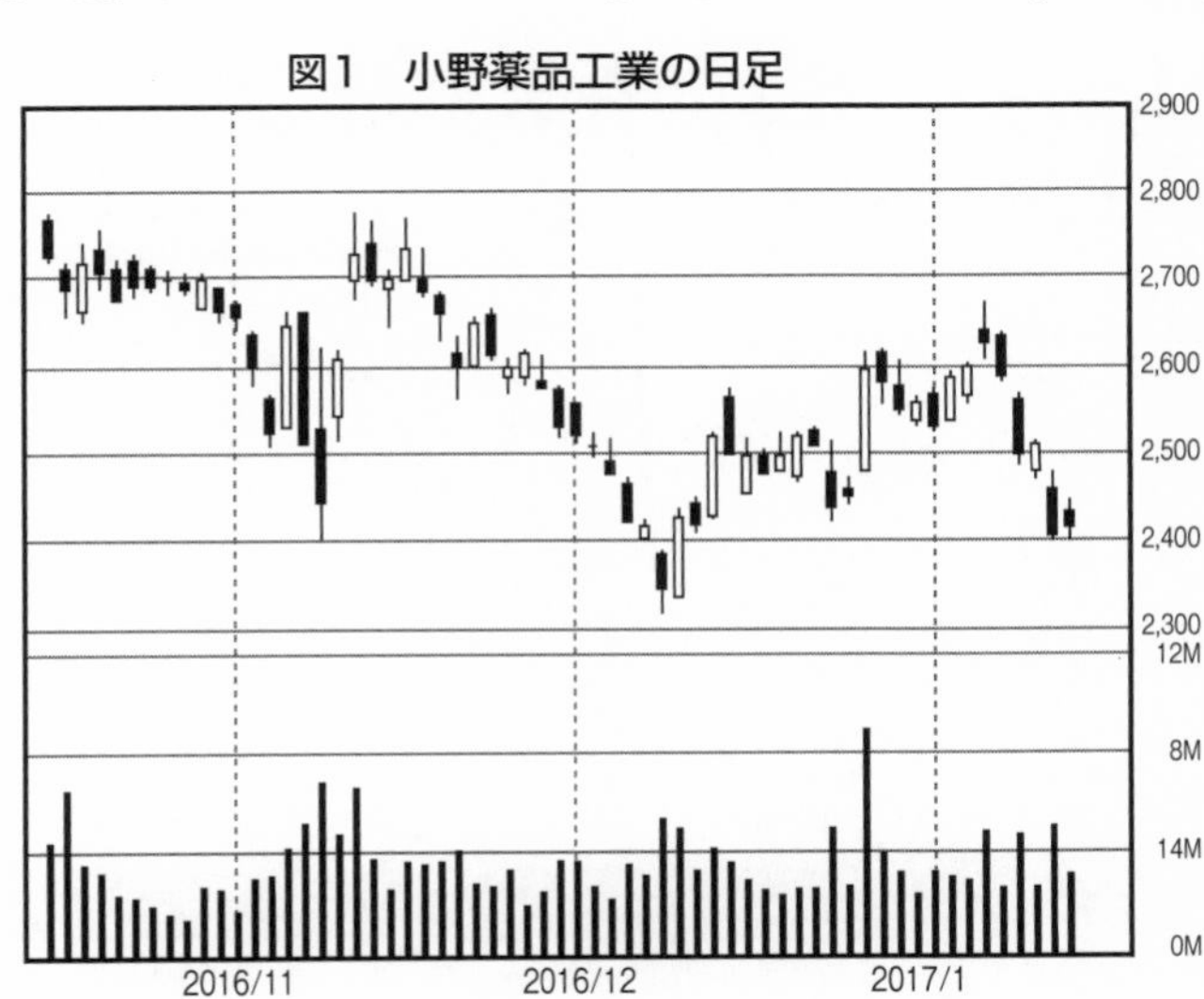

小野薬品工業の寄り付き前の板 ①

<AM 8:30>

東証1部
売買単位:100株

複数気配		
売気配株数	気配値	買気配株数
25,700	成行	55,200
809,400	OVER	
200	2,454.0	
100	2,453.0	
400	2,452.0	
100	2,451.5	
500	2,451.0	
77,000 前	2,450.0	
	2,449.5	前 70,300
	2,449.0	600
	2,448.0	1,600
	2,447.0	500
	2,446.0	5,000
	2,440.0	300
	UNDER	706,300

現在値	
	−−円
始値	−−円
高値	−−円
安値	−−円
前日終値	2,411円

小野薬品工業の寄り付き前の板 ②

<AM 8:45>

東証1部
売買単位:100株

複数気配		
売気配株数	気配値	買気配株数
26,600	成行	59,400
821,400	OVER	
200	2,454.0	
100	2,453.0	
800	2,452.0	
100	2,451.5	
500	2,451.0	
81,500 前	2,450.0	
	2,449.5	前 76,400
	2,449.0	5,600
	2,448.0	6,800
	2,447.0	500
	2,440.0	200
	2,438.0	100
	UNDER	703,500

現在値	
	−−円
始値	−−円
高値	−−円
安値	−−円
前日終値	2,411円

の材料が勝つのか。

８時45分の板はどうか（表②）。買い気配値は同じだが、成り行きの買いの株数が増えている。それに対して、売りの株数は大した増え方はしていない。板としては強いと言える。

寄り付きを見る（表③）。始値は２４３１・５円であり、前の日の株価に対して、20円高い。

寄り付いた後は、日経平均株価の軟調に引きづられて、じりじり下げるが、５分足チャートにもあるとおり、寄り付きの後25分目の足が、長い下ヒゲとなり、そこから徐々に上げている。

この株価の動きに対しては下ヒゲを確認して買いに入り（２４１０円）、２４４５円の上値持ち合いになったところで売り逃げること

小野薬品工業の寄り付き後の板　③

<AM 9:03>

東証1部
売買単位:100株

複数気配

売気配株数	気配値	買気配株数
	成行	
1,053,100	OVER	
300	2,425.5	
100	2,425.0	
500	2,424.5	
200	2,424.0	
900	2,423.5	
800	2,423.0	
	2,420.5	700
	2,420.0	8,500
	2,419.5	400
	2,419.0	100
	2,418.0	200
	2,417.5	400
	UNDER	809,600

現在値	
	2,421円
始値	2,431.5円
高値	2,434.5円
安値	2,420.0円
前日終値	2,411円

が得策と言える。
　何と言っても小野薬品はがん治療に対して圧倒的な信頼感があるし、一定の安定した収益があるので、重しで動いても上下の幅を取る作戦にすれば問題はない。

上級

図2　小野薬品工業の日中足（5分足チャート）

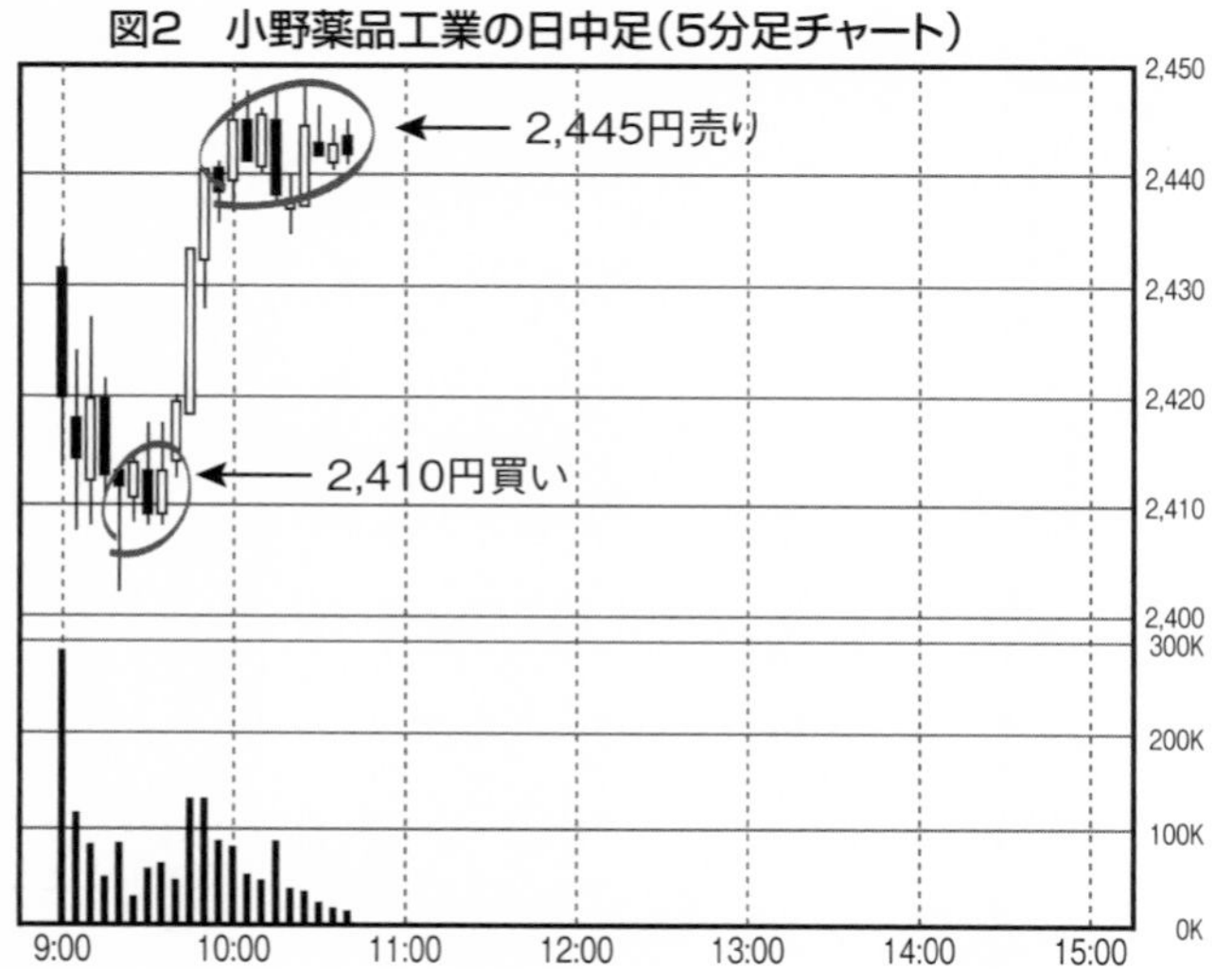

9 材料が出たときの翌日の板の動きを見る

市場が終わった後の午後3時過ぎに、企業から決算や様々な材料が発表されることが多い。なぜならば、市場で取引が行われている「場中」に発表すると、株価に異常な影響をきたし、株価の変動が激しくなって、投資家に大きなリスクを負わせるからだ。

そのために、業績の上方修正などは、取引が終わった直後の午後3時過ぎに行われる。もちろん、いつ発表するかは、それぞれの会社の都合でかまわないので、時には午後一番で発表されることもある。そのときは、株価が急に上昇したり、下落するのでわかる。

さて、大和ハウス（1925）が、引け後に連結業績予想の修正を行った。これに対して、夜間取引の「PTS」（SBI証券）はモロに反応して上げた。

ただ、夜間取引は個人投資家が主体であり、値幅制限もないので、極端な株価が形成されるため、その株価が翌日の東京証券取引所での売買の株価になるとは限らない。

さて、業績予想の上方修正が発表された翌日、すなわち最初の取引では、この材料にどのように反応するのか。結論から言うならば、この材料はすでに織り込み済みで、逆に下がってしまった。

もちろん、翌日だけの動きで今後の株価を判断はできないが、「早耳筋」の利益確定が先行したのである。

どのような株価の動きをしたのか。

板を見てみよう。まず寄り付き前である8時20分の板（表①）は、素直に材料に反応して、3395円買いで、前日の終値が3330円だから、65円も高いことになる。これならば、素直に材料を評価した株価だ。

もう少し見てみよう。8時49分の板（表②）。3350円の買いで、気配値は弱くなってきている。こうなると「いくらまで待とうかな」と考えていた投資家は「早く売らなければ」という心境になり、売りが出やす

図1　大和ハウスの日足

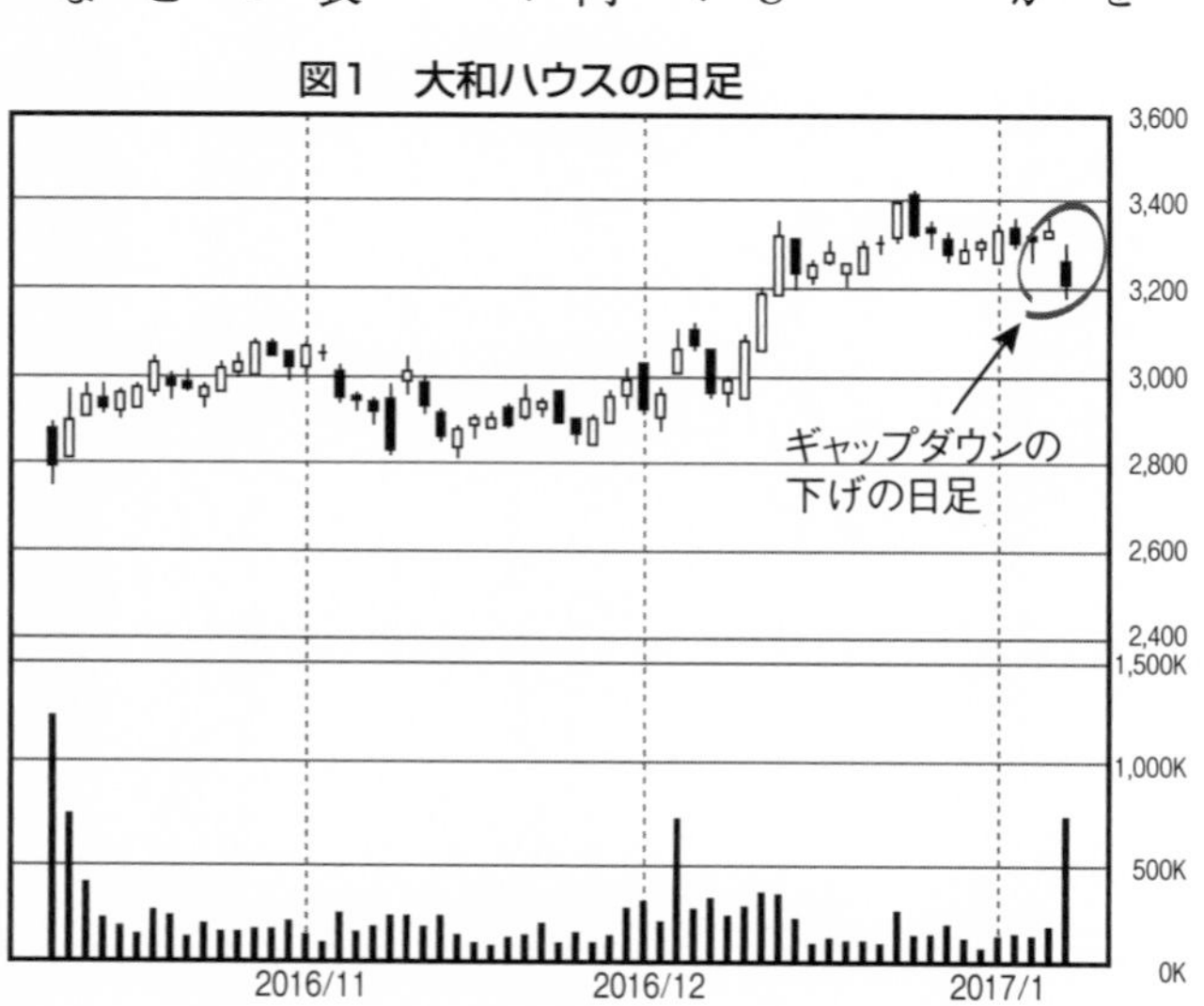

上級

大和ハウスの寄り付き前の板 ①
<AM 8:20>

東証1部
売買単位:100株

複数気配		
売気配株数	気配値	買気配株数
3,000	成行	8,200
29,500	OVER	
100	3,435	
400	3,430	
1,000	3,420	
300	3,410	
4,200	3,400	
9,500 前	3,395	
	3,395	前 9,500
	3,370	200
	3,350	500
	3,340	100
	3,335	100
	3,330	100
	UNDER	40,400

現在値	
ーー円	
始値	ーー円
高値	ーー円
安値	ーー円
前日終値	
3,330円	

大和ハウスの寄り付き前の板 ②
<AM 8:49>

東証1部
売買単位:100株

複数気配		
売気配株数	気配値	買気配株数
25,200	成行	15,200
40,500	OVER	
1,700	3,380	
200	3,375	
500	3,370	
600	3,365	
800	3,360	
20,400 前	3,355	
	3,350	前 23,000
	3,340	200
	3,335	300
	3,330	400
	3,325	400
	3,320	100
	UNDER	43,600

現在値	
ーー円	
始値	ーー円
高値	ーー円
安値	ーー円
前日終値	
3,330円	

く、上値は重いことになる。結果として、寄り付きはギャップダウンの3260円（表③）。時として「売り先行」「材料で尽くし」となってしまった。素直に反応して上げている銘柄もあるが、この銘柄は下げて始まった。

これが現実で、材料に反応して朝の寄り付きで買った人はババをつかんだことが、その後の板でもわかる。10時43分になるとさらに下げて3200円になってしまった（表④）。

前の日までの高値形成とはまったく変わり、大きな陰線となり、売り優勢、買いは含み損となってしまった値動きということになる。

1日だけの取引で、その後の株価は判断できないが、少なくとも、この日の株価は極めて弱いものになったのだ。

上級

大和ハウスの寄り付き後の板　③

<AM 9:05>

複数気配		
売気配株数	気配値	買気配株数
	成行	
60,300	OVER	
200	3,315	
900	3,310	
700	3,305	
1,000	3,300	
1,400	3,295	
900	3,290	
	3,285	800
	3,280	800
	3,275	300
	3,270	1,300
	3,265	900
	3,260	800
	UNDER	101,600

東証1部
売買単位:100株

現在値	
3,285円	
始値	3,260円
高値	3,285円
安値	3,230円
前日終値	3,330円

図2　大和ハウスの日中足（5分足チャート）

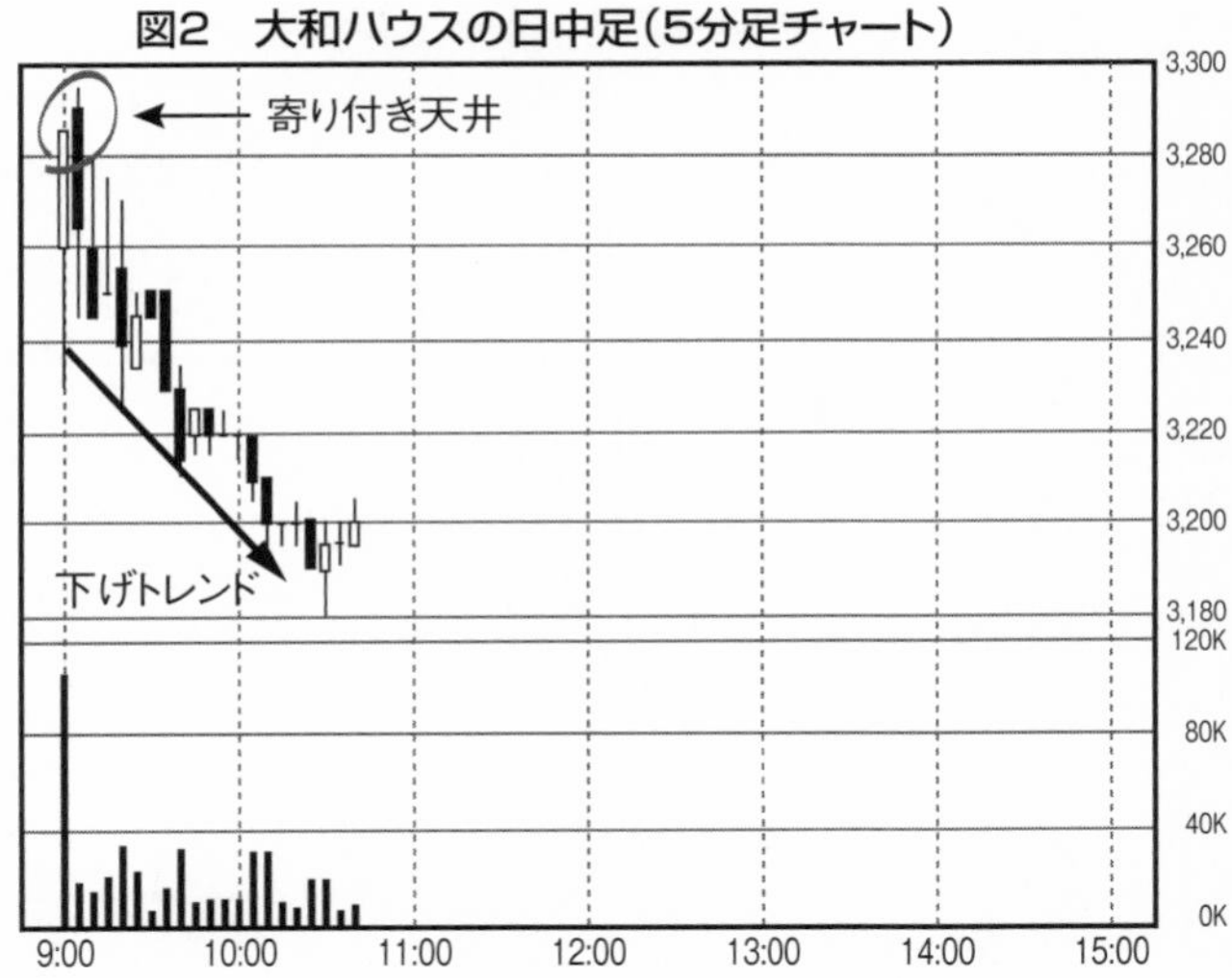

複数気配		
売気配株数	気配値	買気配株数
	成行	
72,500	OVER	
900	3,225	
1,700	3,220	
2,100	3,215	
2,100	3,210	
1,500	3,205	
1,500	3,200	
	3,195	2,200
	3,190	3,900
	3,185	3,500
	3,180	5,600
	3,175	2,500
	3,170	3,100
	UNDER	34,700

大和ハウスの寄り付き後の板　④

<AM 10:43>

東証1部
売買単位:100株

現在値
3,200円

始値	3,260円
高値	3,295円
安値	3,180円

前日終値
3,330円

大きな材料が発表され、夜間取引で人気化した銘柄の動きは

大きな材料が出たにもかかわらず、その日の相場付が極端に悪いときは、無反応なときもある。しかし、夜間取引になって、材料がこなれて急に動いたときは、翌日の株価に勢いが出てくることがある。

ここに挙げた日本化薬（４２７２）は、半導体や抗がん剤に強みを持つ会社。自社株買いが発表された。株価に反応しやすい材料である。

この時節柄、企業価値を高めたり安定株主に報いる企業が増えている。この銘柄もその一つ。

夜間取引のＰＴＳで大きく動き出し、翌日の市場で初めて注目をされることになる。

さて板の動きだが、取引前の8時21分の板を見ると（表①）、前の日の終値が９８４円だったのに対して、１０７９円と95円高い気配の板で始まっている。

板の動きを追ってみよう。

8時54分になると（表②）、やや気配値が上がり、１０８４円の買いとなる。しか

日本化薬の寄り付き前の板　①

<AM 8:21>

東証1部
売買単位:100株

複数気配

売気配株数	気配値	買気配株数
117,700	成行	176,100
198,600	OVER	
1,700	1,085	
2,900	1,084	
1,400	1,083	
100	1,082	
1,300	1,081	
204,000　前	1,080	
	1,079	前　191,200
	1,077	200
	1,076	1,000
	1,075	1,000
	1,071	500
	1,070	1,000
	UNDER	201,100

現在値	
ーー円	
始値	ーー円
高値	ーー円
安値	ーー円
前日終値	
984円	

図1　日本化薬の日足

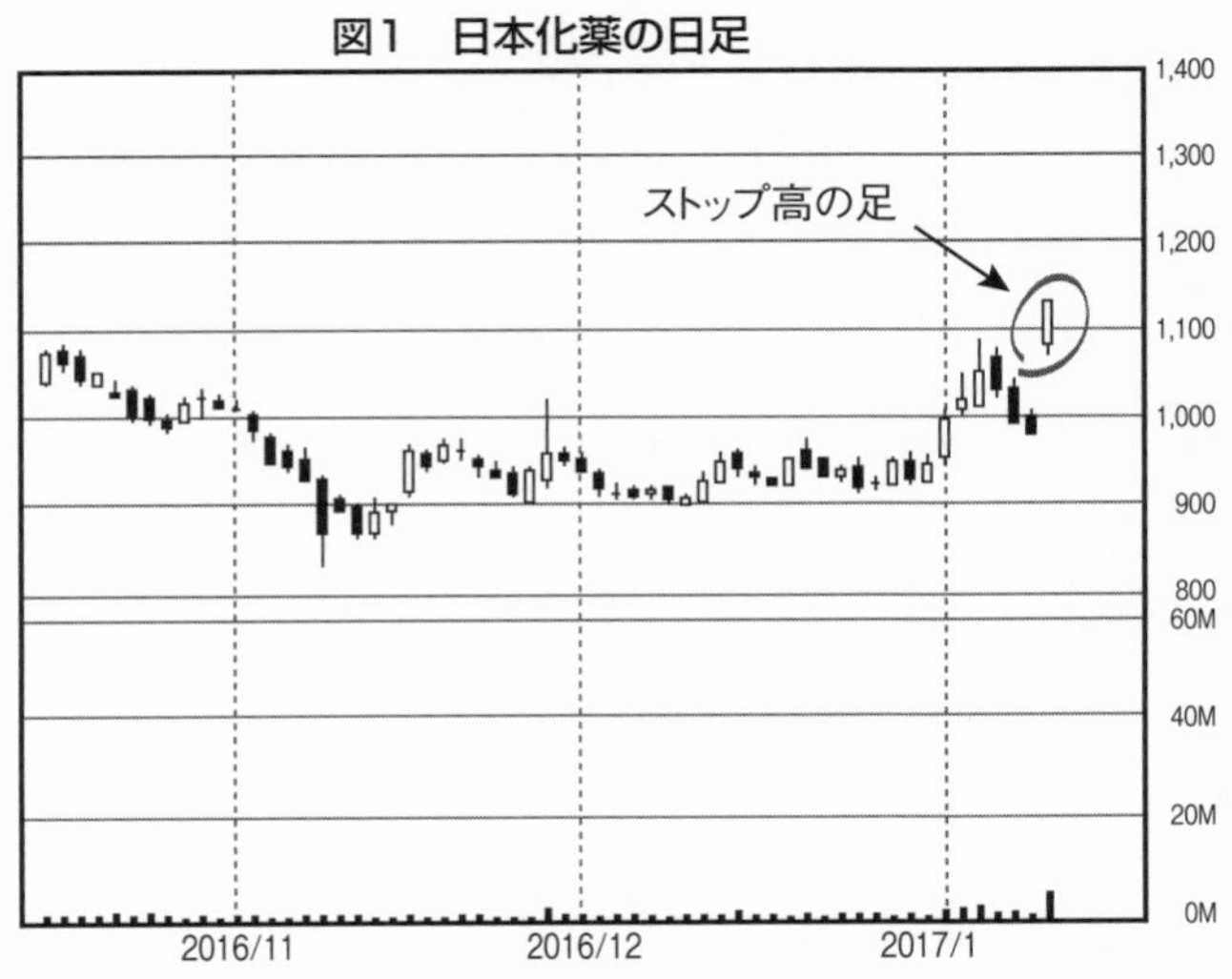

複数気配		
売気配株数	気配値	買気配株数
27,800	成行	167,200
251,100	OVER	
11,900	1,090	
6,800	1,089	
6,100	1,088	
1,700	1,087	
1,600	1,086	
182,500	1,085	
	1,084	特　182,700
	1,082	200
	1,081	700
	1,080	16,200
	1,079	1,300
	1,078	500
	UNDER	275,500

日本化薬の
寄り付き前の板　②
<AM 8:54>

東証1部
売買単位:100株

現在値
ーー円

始値	ーー円
高値	ーー円
安値	ーー円

前日終値
984円

複数気配		
売気配株数	気配値	買気配株数
44,100	成行	272,100
566,900	OVER	
900	1,008	
300	1,007	
400	1,005	
2,000	1,004	
1,500	1,000	
50,600	999	
	999	特　479,000
	998	700
	997	1,300
	996	2,100
	995	3,100
	994	100
	UNDER	162,900

日本化薬の
寄り付き前の板　③
<AM 9:02>

東証1部
売買単位:100株

現在値
ーー円

始値	ーー円
高値	ーー円
安値	ーー円

前日終値
984円

し、取引直前の板にしてはさして強くはなく、高く始まる。その後どうなるかというような板である。

市場が開くと（表③）、とりあえず「特別買い気配」、すなわち「特買」で始まる。999円買い気配だ。これも30円幅ではなく、15円高だから、普通の動きと言える。

しかし、この板を見たためか、売り物は増えないで、成り行きの買いが増えて、気配値は9時6分の時点で1044円の買いとなる（表④）。前日比で60円高い気配だ。

9時12分に1085円で寄り付く（表⑤）。101円高だ。人気化している。

強い寄り付きの株価である。しかし、すぐにはストップ高になるような値動きではなく、

日本化薬の
寄り付き前の板　④
<AM 9:06>

東証1部
売買単位:100株

複数気配		
売気配株数	気配値	買気配株数
44,200	成行	285,200
522,700	OVER	
8,800	1,050	
500	1,049	
100	1,047	
1,200	1,046	
400	1,045	
98,500	1,044	
	1,044	特　430,400
	1,043	1,300
	1,042	300
	1,041	900
	1,040	2,200
	1,039	2,500
	UNDER	241,700

現在値	
ーー円	
始値	ーー円
高値	ーー円
安値	ーー円
前日終値	
984円	

チャートにもあるように、大陽線の後は、じりじりと値を下げる展開になる。

しかし、ここで目先の売りが一巡したのか、それと同時に買い物があっという間に増えて、１１３４円ストップ高に張り付いてしまった。

なので、買いたい人にはチャンスのあった朝の値動きであったわけだ。

このように、材料はすごいが値動きも強く、一瞬で買いが入り張り付いてしまったという、静かなストップ高の板である。

上級

日本化薬の寄り付き後の板 ⑤

<AM 9:12>

東証1部
売買単位:100株

複数気配

売気配株数	気配値	買気配株数
	成行	
533,000	OVER	
2,000	1,082	
400	1,081	
2,000	1,080	
1,300	1,079	
500	1,078	
600	1,077	
	1,075	2,800
	1,074	1,100
	1,073	700
	1,072	5,200
	1,071	6,600
	1,070	10,700
	UNDER	313,000

現在値	
1,076円	
始値	1,085円
高値	1,088円
安値	1,072円
前日終値	
984円	

複数気配		
売気配株数	気配値	買気配株数
	成行	
399,100	OVER	
2,700	1,114	
700	1,113	
5,700	1,112	
2,200	1,111	
11,100	1,110	
4,000	1,109	
	1,107	600
	1,106	1,000
	1,105	700
	1,104	1,700
	1,103	2,800
	1,102	2,500
	UNDER	537,100

日本化薬の
寄り付き後の板 ⑥
<AM 9:27>

東証1部
売買単位:100株

現在値
1,101円

始値	1,085円
高値	1,134円
安値	1,072円

前日終値
984円

図2　日本化薬の日中足(5分足チャート)

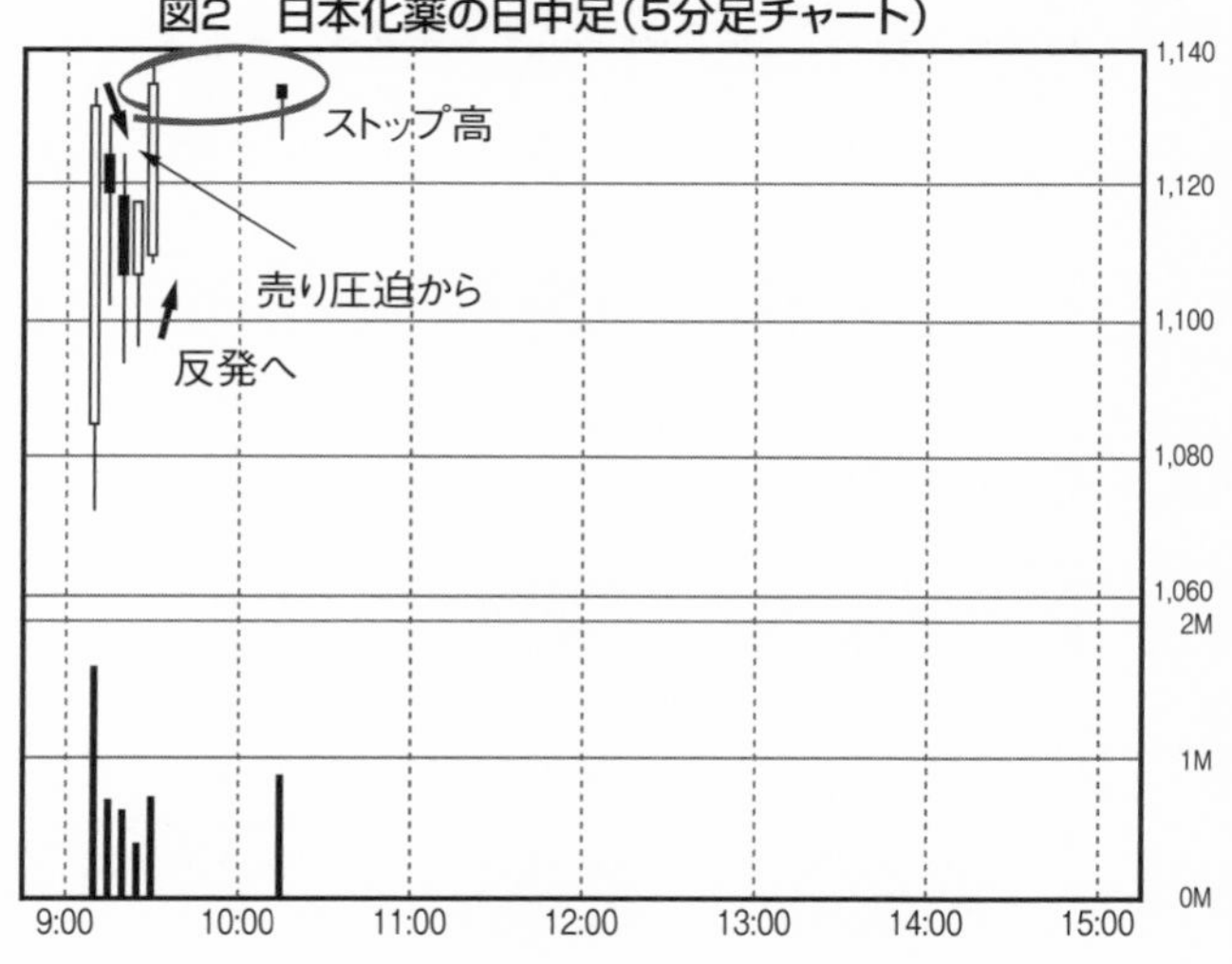

<著者略歴>

東田　一（ひがしだ・はじめ）

早稲田大学卒。業界紙などでサラリーマン生活を送った後、アパートマンション投資などの不動産投資、また株式投資においてデイトレーダーとして実践を積む。最近ではそれらの経験から個人投資家のトレード技術の普及に努めている。他のペンネームで合計10万部を超えるシリーズもの著者でもある。

著書に、『<新版>プロに勝つデイトレの技術』（ビジネス教育出版社）、『デイトレ必勝の基本　株価チャート「分足」を読む力』（総合科学出版）がある。

22年版 板情報とチャートでデイトレに勝つ！

2021年10月1日　第1刷発行

著　者　東田　一

発行者　中野　進介

発行所　株式会社ビジネス教育出版社

〒102-0074　東京都千代田区九段南４－７－13

TEL 03-3221-5361（代）FAX 03-3222-7878

E-mail info@bks.co.jp　URL http://www.bks.co.jp

落丁・乱丁はお取り替えします。

ISBN978-4-8283-0917-0

印刷・製本　シナノ印刷(株)

装丁　目黒眞（ヴァイス）